Mein Dank gilt meinen Freunden David Dejori, Willi Gießen, Leonhard Habsburg-Lothringen, Martin Kostner und Dietmar Schmitt für Anregungen, Durchsicht sowie die Korrektur meines Skripts.

3. erweiterte Auflage 2022

ISBN 978-3-87503-255-0

Cover: Ev. Presseverband Norddeutschland GmbH

FSC-zertifiziertes Papier aus verantwortungsvollen Quellen

Jörg Müller

GERADE NOCH MAL GUT GEGANGEN

Wie Gott mich führte

Autobiografie

Edition Steinkopf

Dr. Jörg Müller *(hier als Kabarettist), geb. 1943, studierte Theologie, Philosophie, Psychologie und Psychopathologie. 1975 Promotion. Prof. für Religion und Psychologie in Salzburg. Ab 1976 klinischer Psychologe mit eigener Praxis. Seit '89 Pallottiner, '94 Priesterweihe, '95 Gründung der therapeutischen „Heilenden Gemeinschaft". Erfolgsautor.* ***Lieferbar sind (www.glaubenssachen.de):***

Best of „Ein Christ"
Gereimte Ungereimtheiten – Illustriert von Florian Huber

Der missverstandene Jesus
Weshalb das Christentum in erster Linie therapeutisch ist

Die infantile Gesellschaft
Wie unsere Erziehung ein gesundes Selbstwertgefühl verhindert

Don Camillo spricht mit Jesus
Heitere Dialoge über Gott und die Welt

Hätten Sie's gewusst?
100 Antworten auf Glaubensfragen für eilige Zeitgenossen

Leben Sie schon oder existieren Sie noch? – *Von Burnout, Aufschieberitis und dem trügerischen Gefühl, etwas zu verpassen*

Lebensängste und Begegnung mit Gott – *Über die Ursachen und Symptome religiöser Ängste, über Schuld und Wege zur Befreiung*

Nein sagen können
Verständnis und Missverständnis christlicher Demut

Top Ten: Die 10 wichtigsten Kapitel aus meinen Büchern
40 Jahre Erfahrung in der Psychotherapie

Und heilt alle deine Gebrechen
Psychotherapie in christlicher Sicht

Was kränkt, macht krank
Welche Bedeutung haben psychosomatische Erkrankungen?

INHALT

Helau, Alaaf, Bumbum ... 7
Student in Trier ... 9
Traumhafte Lösung ... 10
Türkisches Desaster und Untergang der Fähre ... 11
Salzburg ... 12
Abschied von Gott ... 13
Für einen Tag ins Gefängnis ... 14
In der Sahara ... 16
Der Ruf des Muezzins machte mich zum Dorfarzt ... 18
Da war es wieder: das Gottvertrauen ... 19
Ausgetrickster Doktorvater ... 20
Dritter Startversuch ... 21
Kampf gegen die Behörden ... 22
Schulischer Alltag ... 25
Verspätete Theaterprobe ... 27
Besuch einer Satanistin ... 28
Angriffe der Psychoanalytiker ... 29
Wenn Eltern nicht loslassen ... 30
Besuch vom Alligator ... 32
Fluchtversuch ... 33
Knapp am Gefängnis vorbei ... 34
Erfahrung des Bösen ... 36
Gefunden in Kairo ... 39
Verirrt im Wald ... 41
Das Zeichen ... 42
Abschied ... 43
Meine Eltern, meine Schwester ... 45

Geführt, wo ich nicht hin wollte: Freising 46

Der Mann, der die Aura sehen konnte 48

Am Ziel angekommen 49

Kulturkampf im Saarland 50

Jugendfestival in Medjugorje 53

Heilende Gemeinschaft 55

Begegnung mit dem „Kannibalen von Rotenburg“ 58

Jesus bittet den Techniker, das Mikro einzuschalten 59

Das Wunder auf der Autobahn 60

Anfragen aus dem Ausland 61

Moskau 62

Minsk 63

Bukarest 64

Budapest 65

Paray-le-Monial 67

Ein toter Graf souffliert 68

Hochzeit mit fatalen Folgen 70

Spuk im Allgäu 71

Begegnungen mit der Polizei 72

Schreie der Verzweiflung 75

Die ewige Ruhe soll warten 78

Die Kirche hat Probleme 81

Bilanz 83

Fotos 85

GERADE NOCH MAL GUT GEGANGEN

HELAU, ALAAF UND BUMBUM

Faschingssonntag 1943. Draußen vernahm man laute Helau- und Alaaf-Rufe, als zur gleichen Zeit im nahen Krankenhaus meiner Heimatstadt Bernkastel-Kues ein Zwillingspaar das trübe Licht einer kriegsgeschädigten Stadt erblickte: Ich bahnte meiner Schwester den Weg in diese trotzig jubelnde Welt und überraschte mit dem Doppelpack die Hebamme und unsere glückliche Mutter, derweil unser Vater in Russland einen sinnlosen Krieg erlitt. Noch sollte es zwei Jahre dauern, bis wir beide angstfrei und im Doppelsitzer (wir saßen uns gegenüber) von unserem Kindermädchen stolz den Passanten vorgeführt wurden; meine Schwester im rosaroten und ich im blauen Angorapullover. Ich konnte mit den vielen Entzückungsrufen „ach wie süß" und „ey, ey, wo isser denn" nicht viel anfangen, weil ich unbedingt das rosarote Jäckchen haben wollte. Aber meine Schwester blieb standhaft. – So vergingen die Jahre.

Meine früheste Erinnerung ist das Bild der gefrorenen Mosel, die schwere Eisschollen vor sich hinschob, worüber die Leute zum anderen Stadtteil gingen, weil die Brücke zerstört war.

Der Krieg hatte meine ausgeprägte Feinfühligkeit beleidigt; die vielen Einschüsse und nächtlichen Bombenangriffe, die uns aus dem Schlaf rissen und in den Keller zwangen, blieben nicht ohne Folgen. Ich litt unter sämtlichen Störungen, die man mit dem Sammelbegriff Hospitalismus betitelte: Bettnässen, abendliches Hin- und Herwerfen des Kopfes, um mich müde zu machen, später Stottern und Nägelkauen. Welch hervorragende Ausgangsposition, Therapeut zu werden! Ich wollte aber Priester werden, das war mir ab dem 7. Lebensjahr unerschütterlich klar. Und so habe ich früh begonnen, Messen zu lesen und die Kinder in unserer Straße einzuladen. Immerhin gab es Oblaten und Apfelsaft.

Am Gymnasium wurden wir Zwillinge getrennt, nachdem ich das erste Sitzenbleiben erfolgreich geprobt hatte; der Direktor bedauerte dies zutiefst. Hätte er gewusst, dass wir Zwillinge sind, hätte er ... Er wusste es. Da ich aber Priester werden wollte, wechselte ich zum Bischöflichen Konvikt nach Prüm, wo ich erneut mit geübter Fassung eine Klasse wiederholte. Mit anderen Worten: Die Obersecunda waren meine zwei schlimmsten Jahre. Die Lehrer hielten mich wohl für dumm oder faul; ich war aber – das habe ich viel später erst festgestellt – total blockiert. Meine Wut auf kirchenfeindliche Lehrer und meine Angst vor dem Geografielehrer lähmten meinen Geist. Heute weiß ich, es war eine affektive Denkblockade. Diese Erfahrung war für meine späteren Schüler von Nutzen, da ich bei einigen ähnliche Blockaden erkannte und von der Benotung „mangelhaft" absah. Ich hielt unser Notensystem sowieso für ein Desaster.

Ein Erlebnis gab meinem Selbstwertgefühl einen kräftigen Schub. Der Lateinlehrer gab uns die Klassenarbeit zurück und bemerkte: „Müller, mangelhaft. Haben Sie in Ihrer Wüste des Nichtwissens überhaupt noch Oasen des Wissens?"

Es war mein gedämpfter Zorn, der mich sagen ließ: „Müller hat Oasen des Wissens, doch die Kamele finden sie nicht."

Seitdem hatten alle Respekt vor mir. Ich auch.

Oskar Lafontaine, der ebenfalls Konviktschüler war, und ich haben uns eines Tages beim Konviktdirektor beschwert. Oskar protestierte gegen den Zwang des täglichen Messbesuchs, ich legte ein vehementes Veto ein gegen den Zwang, alle Speisen auf dem Mittagstisch essen zu müssen. Es gab Schüler, die manches Stück Fleisch heimlich in ihren Hosentaschen vergruben und nach dem Essen auf der Toilette wegspülten, ungeachtet der Tatsache, dass sich ein riesiger Fettfleck auf der Hose abzeichnete. Das war Anlass für mich, beim Chef vorzusprechen. Tatsächlich gab er in beiden Fällen nach. Dieser Erfolg brachte uns bei den Kameraden großen Sympathiegewinn.

In der Nähe wohnte ein alter Pfarrer. Nikolaus Calmes. Er bat mich, seine Wohnung einzurichten bzw mit den vorhandenen Möbeln die Räume zu gestalten. Es hatte sich rumgesprochen, dass ich innenarchitektonisches Geschick habe, jedenfalls bei Dekoration und Raumgestaltung. Bei der Gelegenheit sagte mir der alte Herr geradezu prophetische Worte:

„Du wirst deine Ziele erreichen, aber nicht sofort und nicht direkt. Du wirst erstaunliche Höhen, aber auch Tiefschläge erleben. Man wird dich oft missverstehen, weil du in deiner unverblümten und provokativen Art sensible Gemüter irritierst. Achte darauf, dass du nicht mit deiner Fähigkeit, Menschen schnell einzuschätzen, die Leute überforderst. Gott schickt dir die Leute, du brauchst keine Werbung zu machen. Da du schnell arbeitest und zur Sache kommst, neigst du bei anderen zur Ungeduld. Die Prüfungen, die Gott schickt, machen dich stärker. Sieh zu, dass du dich bei deinen vielen Gaben nicht verzettelst."

Wenn das mal gut geht, dachte ich.

STUDENT IN TRIER

Man schrieb das Jahr 1966. Ich hatte doch das Abi geschafft, gegen alle Unkenrufe meiner Lehrer. Der Schuldirektor meinte nämlich nach meinem wiederholten Sitzenbleiben: „Frau Müller, holen Sie ihn am besten von der Schule. Er verliert sonst Jahre. Er schafft das nicht." Worauf meine Mutter entgegnete: „Das seh ich anders. Wir haben Zeit, er macht Erfahrungen."

Nun habe ich sie gemacht, erste wichtige Erfahrungen für meine Lehrtätigkeit an Schulen, obgleich ich zunächst andere Pläne und mit Schule nichts am Hut hatte. Ich hatte vor allem eins gelernt: kämpfen, nicht unterkriegen lassen. Misserfolge und Frustrationen kann ich wegstecken. Ich war frohen Gemüts bei „ausreichend", während intelligente Mitschüler bei „befriedigend" zusammenbrachen. Sie wurden nie mit Widerwärtigkeiten konfrontiert und entwickelten daher wenig Frustrationstoleranz, jene Fähigkeit, die schadlos Misserfolge hinnimmt.

Im Trierer Priesterseminar begannen die Studien der Philosophie und Theologie. Wer dachte, die Beschäftigung mit diesen heiligen Wissenschaften mache fromm, hat sich getäuscht. Noch frustrierender war, dass diese Studien eher lebensfremd und kaum hilfreich waren für den späteren Einsatz als Priester.

So füllte ich meine Zeit in Trier mit verschiedenen Aktivitäten: Ich war am Stadttheater als Schauspieler in kleinen Rollen tätig, engagierte mich in Jugendgruppen und gründete 1969 den Krankenhaus- und Altenheimsender „Radio Piccolo". Schnell kamen ehrenamtliche junge Menschen zusammen, die Spaß daran hatten, als Sprecher oder Techniker mitzuarbeiten. Spenden ermöglichten uns ein komplettes Studio. Infolge guter Presseberichte gab es auch einige Prominente, die wir im Studio zum Interview hatten dank unserer Sprecherin Marie-Ann de Ries, die bei RTL tätig war. So waren bei uns zu Gast: Zarah Leander, Lale Andersen, Dieter Thomas Heck, Freddy Quinn sowie andere Stars der Schlager- und Filmbranche.

Nach 50 Jahren (2019) hat „Radio Piccolo" seine Arbeit eingestellt; infolge digitaler Technik und Iphones räumte es den Platz. Seine Zeit war erfüllt und zu Ende.

In mir wuchs immer mehr der Wunsch, nach dem theologischen Diplom das Studium der Psychologie und Psychopathologie anzuschließen. Ich wollte mit Hilfe der Psychologie die Theologie auf den Boden holen und mit Hilfe der Theologie aus der Tiefen- eine Höhenpsychologie machen. Es ging mir darum, die seelischen Befindlichkeiten des Menschen zu studieren, um später als Priester besser verstehen und helfen zu können. Da aber in Trier die psychologische Fakultät gerade erst eröffnet wurde und in einigen Disziplinen Vakanz herrschte, immatrikulierte ich mich in Salzburg, dem Rom des Nordens.

Die Ferien nutzte ich für eine Reise in die Türkei.

TRAUMHAFTE LÖSUNG

Hebräisch war nicht gerade meine Stärke. Um einen guten Abschluss zu erreichen, musste die anstehende Prüfung mindestens „gut" ausfallen. Das kam aber angesichts der schlechten Vornote einem Wunder gleich. Also paukte ich die Nächte durch, um zu retten, was nicht zu retten war. Zwischendurch wandte ich mich hilfesuchend an den Himmel, wohl ahnend, dass fleißiges Lernen eher zum Erfolg führte.

Doch dann geschah das Wunder: In der Nacht vor der Prüfung träumte ich, im Prüfungssaal zu sitzen. Professor Haag trat in den Raum und schrieb auf die Tafel den Prüfungstext: Genesis 28,10-17; Jakobs Traum von der Himmelsleiter. Ich wurde wach, stand auf und bearbeitete den Text bis zum Morgen.

Müde saß ich im Prüfungssaal und hatte ein buchstäbliches Déjà-vu-Erlebnis – Prof. Haag schrieb auf die Tafel den zu übersetzenden Text: Jakobs Traum von der Himmelsleiter. Es war eine der drei Wahlmöglichkeiten. Ich dachte, ich träume wieder.

Dann kam der Tag der Offenbarung. Meine Arbeit wurde mit „gut" bewertet, ich hatte auf ganzer Linie bestanden. Ich war noch trunken vor Freude, da rief mich Prof. Haag zu sich: „Herr Müller, haben Sie abgeschrieben? Wie sonst erklärt sich die Note?"

„Herr Professor, ob Sie es glauben oder nicht. Ich habe diese Prüfung geträumt und noch in dieser Nacht durchgearbeitet."

Der Professor lachte kurz: „Jaja, geträumt. Der Herr gibt's den Seinen im Schlaf."

„So sehe ich das auch, Herr Professor", entgegnete ich, wohl wissend, dass er mir kein Wort glaubte. Die nachfolgende mündliche Prüfung fiel zufriedenstellend aus. Und der Professor meinte schmunzelnd: „Haben Sie diese Prüfung auch geträumt?"

„Nein, die hab ich mir wirklich nicht träumen lassen."

Als wir uns 30 Jahre später in Trier über den Weg liefen, erwähnte ich diese Geschichte. Diesmal glaubte er mir und betonte überzeugt, dass Gott es den Seinen im Schlaf gibt.

TÜRKISCHES DESASTER UND UNTERGANG DER FÄHRE

Rumps. Klack-klack-klack. „Nein, nicht jetzt und nicht hier", stöhnte ich. Die linke Gelenkwelle war defekt; beim Renault 4 eine typische Schwachstelle. Und das mitten in der Steinwüste, 100 km von Kayseri entfernt. Mittags um 4 Uhr bei 38 Grad.

Ich war ohnehin genervt von den schlechten Straßen, und jetzt das noch. Mir blieb nichts anderes übrig, als geduldig auf ein Auto zu warten, das auf dieser steinigen Piste hoffentlich bald vorbeikommt. Es kam aber nicht. So machte ich mich zu Fuß auf den Weg zum nächsten Dorf, in der Hoffnung, dort eine Werkstatt zu finden. Wie man eine Gelenkwelle einbaut, wusste ich, hatte auch Werkzeug dabei und das Buch „Do it yourself", eine Spezialausgabe für diesen vermaledeiten R 4.

Ein Bauer griff mich unterwegs auf in seinem Eselskarren und brachte mich dorthin. Derinkuyu hieß der Ort. Die Verständigung war gleich null, es gab keine gemeinsame Sprache.

Es gab auch keine Werkstatt, aber ein Telefon. Die nächste Werkstatt befand sich in Kayseri, hatte aber keine Gelenkwelle vorrätig. Weitere Bemühungen blieben umsonst. Also kontaktierte ich Renault in Ankara und bat um Expresssendung einer linken Gelenkwelle, in der nüchternen Erwartung, dies könnte Tage dauern. Hat es auch, doch immerhin kam das Paket nach 3 Tagen im Ort an, wo ich mir ein Zimmer nahm.

Ob mein Auto noch dort steht, fragte ich mich bange. Vielleicht wurde alles geplündert einschließlich der Reifen?

Verwundert bemerkte ich: Der Ort hatte ein Taxi, Geschenk des Himmels. Mit gemischten Gefühlen näherte ich mich der Unfallstelle und fand das unberührte, aber glühend heiße Fahrzeug vor. Der Taxifahrer half mir beim Einsetzen der Welle, was ihm einen fetten Lira-Betrag einbrachte. Ich war heilfroh und setzte meine Reise über Istanbul nach Griechenland fort.

In Igoumenitsa wollte ich mit der Fähre „Heleanna" nach Italien übersetzen, doch war sie bereits überfüllt, sodass ich eine andere Fähre suchte. Dieser zunächst ärgerliche Umstand rettete möglicherweise mein Leben und garantiert meinen Wagen. Denn die Fähre ist in der Nähe von Brindisi gekentert und untergegangen; 25 Passagiere kamen ums Leben. Das war 1971.

Manche Widrigkeiten entpuppen sich als Glücksfälle.

SALZBURG

Zunächst wohnte ich im Park der Villa Trapp, jener singenden Familie, die durch den Film „ The Sound of Music" weltbekannt wurde. Er war nun im Besitz der „Missionare vom Kostbaren

Blut". In den folgenden Jahren zog ich dreimal um und wohnte zuletzt in der Villa, die Jules Verne am Hang der Festung in Nonntal gebaut hatte. Dort wurde ich erstmals mit Spukphänomenen konfrontiert und begegnete der holländischen Hellseherin Matty van Dyken, die mir unverblümt ins Gesicht sagte, ich würde bis Jahresende 1975 nach Trier zurückkehren, was ich für baren Unsinn hielt. Aber es trat ein.

Es ist unglaublich, doch in den 5 Jahren meines Salzburg-Aufenthalts gelang es mir nicht, eine Karte für das Festspielhaus zu ergattern, um einmal Karajan zu erleben. Ich hatte keinen reichen Onkel in Amerika, der sie mir hätte kaufen können. Ich begnügte mich also mit dem Salzburger Marionettentheater und mit feuchtfröhlichen Gelagen, zu denen mich meine Schüler eingeladen haben.

Während der Zeit in der Mozartstadt übte ich gleichzeitig drei Berufe aus: Am musikalisch-pädagogischen Gymnasium in der Akademiestraße erteilte ich Unterricht in Religion, jeden Donnerstag auch in Tamsweg, was im Winter eine mühsame Anfahrt in den Lungau bedeutete. Ich promovierte gerade und war an der pastoraltheologischen Fakultät bei Professor Griesl Assistent. Gleichzeitig begannen meine ersten Aktivitäten als Psychotherapeut. Wie ich all das hinbekam, erscheint mir heute rätselhaft. Es war eigentlich nur möglich durch meine zügige Arbeitsweise, die mir den Vorteil verschaffte, Zeit zu gewinnen, und keine Aufschieberitis duldete.

ABSCHIED VON GOTT

Obgleich mir alle Arbeiten leichtfielen und sich die Dinge optimal entwickelten, vernachlässigte ich mehr und mehr meine religiösen Aktivitäten. Es schien, als seien Wohlergehen und das bisher gute Funktionieren meines Glaubenslebens Ursachen einer allmählichen Entfremdung von Gott. Jedenfalls erlahmte jedes Interesse an religiösen Übungen, ausgelöst durch eine geistliche Trockenheit, die zu Beginn meiner Assistentenzeit ausbrach, wohl auch wegen der langweiligen Routine in Sachen Gebet, Liturgie und Predigt. Da half auch das Leben in einer geistlichen Gemeinschaft nichts mehr.

Da ich als Gast zu nichts verpflichtet war, zog ich es schließlich vor, alle Verpflichtungen fallenzulassen und mein Leben nach eigenem Gutdünken zu gestalten.

Wer meint, eine solche Entscheidung müsse über kurz oder lang Gottes Unmut nach sich ziehen, irrt. Denn Gott lässt seine Sonne scheinen über Gerechte und Ungerechte; er straft auch nicht. Ich konnte nicht klagen und lebte unbeschwerter als vorher. In dieser Zeit religiöser Abstinenz spielte sich mein Leben vorwiegend in Diskotheken ab, in Abendcafés und auf Partys, wohin ich als Zauberkünstler und Unterhalter geladen wurde.

Ich lernte interessante und vor allem langweilige Leute kennen, berühmte und unbekannte Größen aus Film und Theater. Einmal konnte ich sogar Curd Jürgens, der grad den „Jedermann" spielte, mit dem berühmten Zeitungstrick überraschen. Auch der Bösewicht-Mime Herbert Fux und die grandiose Elisabeth Flickenschildt zeigten sich oft. Ich saß einmal im Café Tomaselli an Flickenschildts Tisch und erkannte sie erst an ihrer markanten tiefen Stimme, was mir peinlich war, sie jedoch erheiterte.

Die Welt wurde für mich zum bunten Karussell, das sich immer schneller und verführerischer drehte. Wenn in den wenigen Augenblicken der Stille meine alten Träume zum Vorschein kamen, begann mein Herz zu klopfen. Eine leise Ahnung machte sich breit, die mir zu sagen schien: So kann's nicht weitergehen.

FÜR EINEN TAG INS GEFÄNGNIS

Es war Anfang September. Der für Salzburg typische Schnürlregen nieselte stundenlang vor sich hin. Ich war gerade mit meinem Renault 4 auf dem Weg nach Haus, als ich mit beachtlichem Tempo in eine Radarfalle geriet. Das Strafmaß in Höhe von 300 Schilling sowie das selbstherrliche Benehmen der vier jungen Polizisten verärgerten mich, sodass ich die folgenden Autofahrer durch Handzeichen auf die Falle aufmerksam machte. Plötzlich tauchten zwei Polizisten auf, verlangten eine

Erklärung für mein Tun und wiesen darauf hin, dass ich wegen „Verunsicherung des Straßenverkehrs" mit einer Anzeige, wenn nicht sogar mit Abschiebung zu rechnen hätte.

2 Monate später kam eine Anzeige wegen „unbegründeten Betretens der Fahrbahn gemäß § 46 der ÖStVO", die mich zur Zahlung von 100 Schilling aufforderte oder „bei nachweislicher Uneinbringlichkeit" zu einer Arreststrafe von 24 Stunden verurteilte. Ich entschied mich für die Arreststrafe, weil ich neugierig war auf das Innenleben eines Gefängnisses.

Doch mein Wunsch nach einer Zelle musste hart erkämpft werden, als die Beamten den tatsächlichen Sachverhalt erfuhren und hörten, dass ich Theologe sei. Ihnen war peinlich, dass „Hochwürden" ins Gefängnis wollte. „Was haben Sie denn gemacht?"

„Ich habe die Straße unbegründet betreten, habe mit einem Fuß auf der Fahrbahn sowie einem auf dem Gehsteig gestanden und Autofahrer durch Handzeichen vor einer Radarfalle gewarnt."

„Melden Sie sich am Wochenende in der Haftanstalt. Da bekommen Sie, was Sie wollen."

Am folgenden Samstag um 9 Uhr früh begab ich mich zur Haftanstalt. Erneutes Verhör. Kopfschütteln.

„Wünschen Sie eine Einzel- oder eine Gemeinschaftszelle?"

„Eine Gemeinschaftszelle bitte!"

„Geben Sie alles ab, was Sie bei sich tragen: Schreibzeug, Portemonnaie, Kamm und so weiter. Dann unterschreiben Sie hier."

„Wieso Schreibzeug?"

„Vorschrift. Spitze Gegenstände müssen abgegeben werden wegen möglicher Selbstmordgefahr."

Ich kramte die Utensilien hervor, unterschrieb und wurde auf Zelle 24 gebracht, deren Tür sich laut hinter mir schloss.

Zwei Typen standen vor mir: Ein 50-jähriger Deutscher, den man wegen Passfälschung im Hotel verhaftet hatte, und ein 19-jähriger, der die Berger-Bank überfallen hatte. An der Decke hing eine nackte Glühbirne. Von wegen Suizidgefahr!

So verbrachte ich eine Nacht im „Häf'n", wie der Österreicher sagt. Sie reichte aus, um zu lernen, wie man in der Schuhsohle ein Messer versteckt und was man bei Dokumentenfälschung beachten muss.

Es ist Sonntag 9 Uhr. Der Beamte schließt geräuschvoll die Zelle auf und bittet mich, ihm zu folgen. An der „Rezeption" gibt man mir meine Sachen zurück. „Wir haben aus Ihrem Portemonnaie 70 Schilling genommen als Kostenbeitrag für Kost und Logis", sagt ein Herr in Zivil. „Unterschreiben Sie bitte hier."

Empörung kam in mir hoch. Häftlinge haben keine Rechte mehr. Wie oft hörte ich das und sah es jetzt bestätigt.

Ich trat hinaus in einen regnerischen, kühlen Novembertag. Anderntags stand groß in den „Salzburger Nachrichten":

THEOLOGE SITZT –

WEGEN UNBEGRÜNDETEN BETRETENS DER FAHRBAHN

IN DER SAHARA

Die Semesterferien kamen gerade recht. Ich hatte den ganzen Partytrubel satt und wollte mit einer Durchquerung der algerischen Sahara emotionalen und geografischen Abstand von den Ereignissen der letzten Wochen finden. Ich hatte bereits auf zwei Wüstenfahrten ausreichend Erfahrungen sammeln können, sodass ich mich diesmal im Alleingang mit Ziel Tamanrasset im Hoggar-Gebirge auf den Weg machte.

In Algerien begann die Strapaze: 60 Grad Celsius im Auto, hohe Benzinverdunstung, Sand, schlechte Straßen, Pistenverwehungen und der obligate Durchfall.

Bei der Oase Beni-Abbes wechselte ich zum vierten Mal den Reifen und blieb über Nacht dort, wo Charles de Foucauld seine Einsiedelei hatte. Rasch bekam ich Kontakt mit den Einheimischen, die mich zu einer Hochzeit einluden. Mit ein paar Zaubertricks gelang es mir, die bunte Beduinengruppe ins Staunen zu versetzen. Einige schienen überzeugt, ich besäße magische Kräfte. Sie wollten mich nicht weiterfahren lassen. So schenkte ich ihnen meinen gesamten Vorrat an Mullbinden aus dem Bestand der Bundeswehr, um mich „freizukaufen". Sie machten sich mit Begeisterung einen Turban daraus.

Die Temperaturen stiegen ab 10 Uhr in beachtlichem Tempo, sodass das Kühlwasser zu kochen begann. Das hieß: langsam fahren, Pausen machen, Benzin durch Verdunstung verlieren, beten. Ich befand mich irgendwo zwischen Adrar und Reggane, als sich der Himmel in Minuten verfinsterte und eine gelbliche Farbe annahm. Aha, dachte ich, jetzt kommt die härteste Bewährungsprobe, ein Sandsturm. Also: anhalten, Auspuffrohr verstopfen, alles dicht machen und im Auto warten.

Ich habe in meinem Leben selten so viel und intensiv gebetet wie in diesen endlosen Minuten, in denen mir mein Alleingang durch die Sahara zum Verhängnis hätte werden können. Als der Sturm vorüber war, fand ich mich bis zur halben Türhöhe im Sand eingegraben. Wie sollte ich da je herauskommen?

Es dauerte 4 Stunden, bis ich den Wagen wieder fahrbereit hatte. Mit Schrecken stellte ich fest, dass der Benzinvorrat nicht bis zur nächsten Tankstelle reichte, die 400 km entfernt lag.

So fuhr ich in banger Hoffnung los und spürte, wie sich mein Magen verkrampfte angesichts des Benzinanzeigers, der bereits auf Reserve stand. Um mich herum nichts als Sand. Doch nichts geschah. Der Motor lief. Allmählich wurde mir bewusst, dass Gott ein Wunder geschehen ließ. Sämtliche Treibstoffbehälter waren leer und der Reservebereich hätte laut Anzeiger keinen Tropfen mehr hergegeben. Aber der Wagen fuhr.

Plötzlich erkenne ich vor mir, in einer Mulde halb vergraben, einige Lehmhütten. Ein Minarett wird sichtbar. Eine Oase.

Ich suche in der Karte, finde sie aber nicht eingetragen. Es ist die Gegend von Tidikelt. Erleichtert atme ich auf. „Danke" kommt leise aus meinem sandverkrusteten, klebrigen Mund.

Ende September war ich zurück in Salzburg. Als ich den Wagen reinigte, sah ich ein loses Lautsprecherkabel. Ich baute es aus und fand eine gepresste Haschischplatte in Zellophanpapier. Erschrocken wurde mir klar, dass ich Kurierdienste tun sollte für einen Drogenschieber, der dann nicht mehr an den Wagen kam. Ich dachte an die italienischen Grenzpolizisten mit ihren Spürhunden ... Und an Gott, der wohl seine Hand im Spiel hatte.

DER RUF DES MUEZZINS MACHTE MICH ZUM DORFARZT

Meine Wohnung in El Moghrane befand sich direkt neben einer Moschee. Es war Ramadan. Die Moslems pflegen tagsüber streng zu fasten, dafür aber nachts dreimal zu essen; ein Trommler weckt sie rechtzeitig. Wer je einen Ramadan erlebt hat, weiß um den Lärm des Nachts und um die Kreislaufprobleme am Tag.

Die Menschen litten unter Magenproblemen, Kopfschmerzen sowie Schlafstörungen. Und da es keinen Arzt gab, wurde ich zur Anlaufstelle der leidenden Menschen. Wie kam es dazu?

Eines Tages hatte die Schallplatte mit dem täglichen Ruf des Muezzins zum Gebet einen Sprung.

„Ašhahu allā illāha illā llāh ..." (Allah ist groß. Es gibt keine Gottheit außer Allah; Mohammed ist sein Gesandter.) Beim Illāha machte sie penetrante Wiederholungen. Es nervte.

Da die kleine Dorfgemeinde arm war, besorgte ich eine neue Schallplatte und schenkte sie dem Imam. Tags darauf verkündete er froh, der deutsche Doc (so wurde ich genannt) sei der Spender. Nun begann der große Run zu meiner Wohnung: Man schenkte mir Decken aus Schafwolle, Rosenwasser, einen Kamelhocker und lud mich zu Festen ein, bei denen junge Männer auf Brautschau gehen. So hatte ich die Ehre, für meinen Geschäftspartner Mohammed eine Frau zu suchen und sie zu fragen, ob sie ihn wolle. Sie war hübsch, intelligent und, wie ich später hörte, Stewardess bei Tunisair. – Sie sagte zu.

Die Tage vergingen langsam; es war heiß. Immer wieder bat man mich um Medikamente gegen Kopf- und Magenschmerzen. Ich hatte genug Arznei bei mir und war auf alles vorbereitet.

Dann klopfte jemand nachts um 3 an meine Tür: „Doc, helfen Sie uns! Meine Frau ist schwanger und muss in die Klinik."

Der Mann sprach ein arabisches Französisch mit Gutturallauten und Zungenschlägen. Wir machten uns auf ins 100 km entfernte Tunis. Die Straße ähnelte einer Hämorrhoiden-Schaukel, holprig, mit vielen Löchern, ohne Markierung. Und die Frau jammerte pausenlos. Es war zum Gotterbarmen!

Da sah ich plötzlich mitten auf der Straße eine Frau liegen. War sie tot? Nein, sie schlief. Oder tat mindestens so. Mich beschlich eine Ahnung: Das könnte eine Falle sein. Nur nicht aussteigen jetzt! Auf diese Weise gibt es immer wieder Überfälle und Straßenraub. Also fuhr ich weiter, zumal es eilte.

Diese Fahrt und alle vorausgegangenen stressigen Vorkommnisse machten auch mich krank. Ich bekam eine „Hyperventilationstetanie“, eine durch überhöhte Atmung entstandene Übersäuerung des Blutes. Die Symptome sind kalter Schweiß, Pfötchenstellung der Hände, Kribbeln, massive Brustatmung.

In der Klinik angekommen, rief ich einen Arzt und bat ihn um eine Spritze Calciumkarbonat; denn diese Tetanie beruht auf einem Calciummangel. Da er sich offenbar nicht auskannte, setzte er die Spritze sehr schnell ein, was verhängnisvoll sein kann. „Doucement“ (langsam) sagte ich. Meine Güte, dachte ich, was wäre gewesen, wenn ich mich nicht ausgekannt hätte!?

Der Morgen hatte trotz allem Stress ein gutes Ende: Die Frau gebar einen gesunden Jungen, und ich war wieder fit.

DA WAR ES WIEDER: DAS GOTTVERTRAUEN

Der Urlaub von Gott währte nicht lange. Mir war klar, dass ich naiv genug war, Gott strafen zu wollen für sein Schweigen und seine vermeintliche Gleichgültigkeit. Mir kam es lächerlich vor, solches Gottesbild verinnerlicht zu haben. Es war genau das Bild von Gott, unter dem viele Christen leiden. Noch ahnte ich nicht, dass ich als Therapeut solche falschen Gottesbilder bei meinen Klienten thematisieren würde. Es ist beteiligt an seelischen Störungen, wird aber in Kliniken und psychologischen Praxen nie angesprochen. Das nenne ich amputierte Psychotherapie.

Was mir auch deutlich wurde, ist eine stille himmlische Führung; meist bemerkt man sie nicht. Wir sagen dann „Glück gehabt“, „noch mal gut gegangen“ usw. Dabei darf nicht vergessen werden, dass auch leidvolle Momente sowie Zumutungen pädagogische Mittel sind zum Erwerb von Konfliktfähigkeit und

Lebenstüchtigkeit. Man stelle sich vor, dass Eltern alle Wünsche ihrer Kinder erfüllen. Was dabei herauskommt, ist leicht zu erahnen. Erst wenn wir begreifen, dass es Liebe ist, die hinter solcher Zumutung steht, wird das Leid erträglicher.

„Wer ein Warum zu leben hat, erträgt fast jedes Wie“, sagte Viktor Frankl, Begründer der Logotherapie. Was alles kommen würde an Höhen und Tiefen, sollte sich als wertvoll erweisen.

AUSGETRICKSTER DOKTORVATER

Ich habe mich immer gefragt, warum wissenschaftliche Publikationen so dick sind. Sogar Lebenshilfebücher leiden an dieser Blähung. Wer liest so aufgedunsene Geistesergüsse? Braucht man 490 Seiten für ein Buch mit dem Titel „Wie man seinen Tag sinnvoll gestaltet“? Oder 1.400 Seiten für die Erklärung des Markus-Evangeliums? Als ich das gelesen hatte, habe ich ein Exzerpt erstellt mit den wesentlichen Aussagen – ohne Doppelungen und überflüssige Langatmigkeiten. 50 Seiten reichten.

Selbst am Gymnasium verfiel man der Quantität im Glauben, sie zeichne Gründlichkeit und Kompetenz aus. Da hatte ich Zweifel. Aufsätze unter 5 Seiten fielen durch. (Okay, hier bin ich nicht immer meiner Meinung; es darf auch mal mehr sein.)

Ich fasse mich stets kurz, komme auf den Punkt. Mir liegt kein langes Reden und wiederholtes Wiederholen. So hatte meine Doktorarbeit zum Thema „Das Gottesbild des Jugendlichen und seine Beziehung zum Elternbild“ 72 Seiten. Ungelesen gab man sie mir zurück mit dem Hinweis, sie sei zu dünn.

Gut, dachte ich, dann mache ich sie eben etwas dicker, aber ohne ein Wort hinzuzufügen. Ich verkürzte die Zeilen um eine Silbe und jede Seite um eine Zeile. So wuchs mein grandioses Werk auf 90 Seiten. Und wurde angenommen. Geht doch.

Bis heute leide ich unter zu langen Predigten, Grußworten und Gratulationsansprachen. Nichts regt mich mehr auf als eine Rede ohne klar erkennbares Ende. Wie viele Predigten haben einen dreifach vermasselten Schlusspunkt. Da kommt ein guter Gedanke, ideal für den Abschluss, und dann geht's weiter. Danach endlich hört der Redner ... nicht auf. Leider hören sich manche Leute gern reden. Wir haben eine Inflation von Worten und einen ausgeprägten Drang, zu allem etwas zu sagen. Dabei denkt ein kluger Mensch über ein Wort zweimal nach, bevor er schweigt. Das schönste Feedback, das ich bisher zu hören bekam, lautete: „Herr Müller, wir hätten Sie gern noch länger angehört." Ein anderes fand ich amüsant: „Alles, was Sie gesagt haben, trifft auf meinen Mann genau zu." Na dann.

Ich gestehe, ich ecke auch an mit der Kürze. Jedoch bleibe ich bei meiner Meinung, dass man die Feierlichkeit einer Feier nicht nach ihrer Länge bewerten sollte.

DRITTER STARTVERSUCH

1975, Zeit für einen neuen Lebensabschnitt. Der Gedanke, nach Trier zurückzukehren, wurde konkreter. Der hellseherische Hinweis Matty van Dykens fiel mir ein. So begannen die stressigen Wochen eines Umzugs: loslassen, Abschied nehmen, Wohnung und Praxisräume suchen, Behördengänge, Papierkrieg.

Vor allem der Kampf mit den Ämtern macht mir zu schaffen, denn ich leide unter Bürokratie-Allergie. Sture Beamte und ständiges Berufen auf Paragrafen machen mich wütend. Statt dass so ein Typ sich schämt für sein engstirniges Verhalten, beruft er sich auf Gesetze. Man muss also gar nicht Gesetze brechen, um niederträchtig zu sein; man muss sie akribisch anwenden.

Kaum hatte ich mich in einer wunderschönen Gegend am Hang eines Weinbergs in der Kurfürstenstraße etabliert, traf ein Brief von der Stadtverwaltung ein, der mir mitteilte, dass ich nach dem bestehenden Heilpraktikergesetz keinerlei Therapie oder Diagnostik praktizieren dürfe; andernfalls wäre mit einer Haftstrafe oder Geldbuße in Höhe von 10.000 DM zu rechnen. Ich sollte noch mal eine Prüfung ablegen.

Der Schlag traf. Ist das Gottes Wille, fragte ich mich. War das ein Engel, der mir den Weg versperren sollte wie einst beim Propheten Bileam? Oder wollte Gott meine Beharrlichkeit und mein Vertrauen prüfen? Ich machte der Einfachheit halber meinen Wunsch zum Wunsch Gottes und nahm mir vor, den Krieg mit der Behörde zu führen, das heißt die Heilpraktikerprüfung zu verweigern und mein Recht durchzusetzen.

Das von 1939 stammende Gesetz war längst überholt, da es die neue Berufssparte des psychologischen Therapeuten noch nicht kannte. Eine Gesetzesänderung war in Bonn längst geplant, wurde aber wahrscheinlich von einem einflussreichen Vertreter der Ärzteschaft blockiert. Ich war fest entschlossen, notfalls ins Gefängnis zu gehen, niemals aber durch Ablegung der Heilpraktikerprüfung meine Standesehre als promovierter Psychotherapeut zu verraten. Wozu, fragte ich mich, brauche ich Histologie, Anatomie, Seuchen- und Pflanzenkunde, wenn ich Stotterern, Bettnässern, Platzangstpatienten und Menschen mit Selbstwertproblemen helfen will? Überdies hatte ich an der Universität Prüfungen in medizinischer Psychologie, Neurophysiologie und Neurologie abgelegt. Kollegen und der Berufsverband deutscher Psychologen unterstützten mein Vorhaben.

KAMPF GEGEN DIE BEHÖRDEN

Doch damit nicht genug. Es stellte sich heraus, dass die Krankenkassen per Gesetzesbestimmung nicht verpflichtet waren, die Kosten für therapeutische Maßnahmen zu übernehmen, wenn der Therapeut kein Arzt ist. Das hieß im Klartext, dass die Patienten selber die Kosten tragen mussten. Und so trat ein, was ich befürchtete: Ein Teil der hilfesuchenden und von den herkömmlichen Behandlungen enttäuschten Patienten war finanziell dazu nicht in der Lage. Ich ging also mit meinen Honorarforderungen so weit herunter, bis sie ihr Einverständnis gaben. Oft behandelte ich kostenlos. Ich war der Meinung, keine Therapie dürfte an den Kosten scheitern. Doch auf Dauer konnte ich von den Praxiseinnahmen nicht leben.

Ich musste mir ein zweites Standbein schaffen.

So trat ich wieder in den Schuldienst ein und betrieb nebenher die Praxis, eine aufreibende Doppeltätigkeit. Um als Lehrer eingestellt zu werden, war es erforderlich, ein weiteres

Staatsexamen in einem zweiten Lehrfach abzulegen. Also fing ich noch einmal von vorn an als Referendar, hospitierte im Unterricht meiner Kollegen, legte neuerlich Prüfungen ab und begann mit 33 Jahren meine Laufbahn als künftiger Oberstudienrat an Berufsschulen und Gymnasien mit den Fächern Pädagogik, Verhaltenskunde sowie Religion.

Die therapeutische Tätigkeit lief nebenher und wurde im Lauf der Jahre immer umfangreicher, sodass sie sich auf Dauer nicht mit dem Schuldienst vereinbaren ließ. Da die gesetzliche Klärung immer noch ausstand und die Behörden mir ständig Steine in den Weg legten, bat ich Gott um Beistand. Ich wollte wissen, wie es weitergehen sollte, und schlug ihm vor, mir durch ein Wort der Heiligen Schrift einen Hinweis zu geben. Ich schlug die Bibel auf und las den ersten Satz, der mir in die Augen fiel: *„Seid fröhlich in der Hoffnung, geduldig in der Bedrängnis, beharrlich im Gebet"* (Röm 12,12). Gut, dachte ich, dann führe ich meine Praxis weiter und warte ab, was kommt. 10 Jahre kam nichts – dann kam ein Bescheid von der Stadtverwaltung:

„Wir erteilen Ihnen hiermit die Erlaubnis zur Ausübung der Heilkunde." Ich war baff. Ganz ohne Prüfung und Papierkrieg?! Das war sensationell. Langsam dämmerte mir eine Begebenheit, die diese Überraschung erklärte: Einige Monate zuvor meldete sich bei mir ein junger Mann mit einem Paket von Symptomen, die keiner bestimmten Erkrankung zuzuordnen waren. Ängste, Depressionen, Stress, chronisches Nasenschnupfen u.a. Ich tippte zunächst auf Burnout, weil er vom Job als Verwaltungsangestellter die Nase buchstäblich voll hatte. Aber im Verlauf der Sitzungen stieg in mir eine merkwürdige Ahnung auf: Könnte es sein, dass dieser Mann als Kontrollperson von der Gesundheitsbehörde vorgeschickt wurde? Wollte man meine Kompetenz testen? Immerhin hatte ich beharrlich Forderungen wie das Einreichen von Fallbeschreibungen und das Ablegen der Prüfung hinsichtlich Seuchengesetz abgelehnt. Wie sollte ich auch einen neuerlichen Beweis für meine Kompetenz in Form eines kleinen Anglerscheins erbringen, wo ich den gro-

ßen Anglerschein bereits hatte? Vielleicht hatte meine Empfehlung, der junge Mann möge zunächst seine Erkrankungen medizinisch prüfen lassen, ehe er noch einmal kam, den Ausschlag für den wohlwollenden Erlass gegeben. Heute würde so etwas nicht durchgehen, denn sowohl die Ärzte-Lobby als auch die überbordende Bürokratie sind dazu emotional nicht in der Lage.

Eines Tages schickte mir der renommierte Trierer Psychiater Dr. Guty einen Patienten mit seltsamen Symptomen. Wieder hatte ich das ungute Gefühl, getestet zu werden. Der Mann konnte mit der rechten Hand nicht essen und nicht trinken; sie versagte ihm diesen Dienst. Mit der anderen Hand gab es keine Probleme. In der Hypnose war alles gut, danach nicht. Die Anamnese ergab: Er war 17 Jahre jung, als ihn sein Vater aufgrund einer Frechheit mit dem Stock schlagen wollte. Doch entriss er ihm den Stock und schlug selbst auf den Vater ein, worauf dieser bis zu seinem Tod kein Wort mehr mit dem Sohn sprach. Die in ihm wachsenden Schuldgefühle führten zur Selbstbestrafung in Form der Essverweigerung durch die schlagende Hand. Hinzu kam Brechreiz, sobald er eine Kirche betrat.

Ich sagte ihm, er könne nur geheilt werden, wenn er seinem Vater und sich selbst verzeiht und ihn um Vergebung bittet in Form eines Briefes an den Vater. Er solle den Brief in dessen Grab stecken. Danach könne er wiederkommen.

Es verging fast 1 Jahr, bis er sich telefonisch meldete. Was er dann sagte, war für mich ein deutlicher Wink des Himmels:

„Ich wollte Ihnen mitteilen, dass ich getan habe, was Sie mir aufgetragen haben. Ich kann wieder normal essen und trinken; es ist alles gut. Und ich bin im Kirchenchor."

Zutiefst dankbar für diese Genesung erkannte ich die Notwendigkeit von Vergebung bei gekränkten oder schuldig gewordenen Klienten. Dies war der Anfang einer Umgestaltung meiner Therapie. Noch am selben Abend fand ich in der Bibel die Bestätigung, im Buch Sirach 28: *„Im Groll bittest du mich um Heilung, du bekommst sie nicht. Versöhn dich zuerst."* Diese Erfahrung führte 15 Jahre später zur Idee einer „Heilenden Gemeinschaft", wo heilungssuchende Menschen stationär durch ein Team verschiedener Psychotherapeuten betreut werden. Doch erst 1995 gelang mir diese Einrichtung im Freisinger Pallotti-Haus.

SCHULISCHER ALLTAG

Der Unterricht bei meinen vorwiegend männlichen Schülern in Bernkastel-Kues, Trier und Saarburg fiel mir nicht schwer, auch wenn bisweilen zusätzliche Zeit abverlangt wurde zur Klärung von Konflikten, Missverständnissen oder Störaktionen. Es gab Kollegen, die den Tränen nahe das Lehrerzimmer betraten, wenn sie aus der Fleischerklasse kamen. Diese galt als besonders aggressiv. Was mich ärgerte, waren Zeugniskonferenzen und kurzfristig angesetzte Bedarfssitzungen, weil sie langatmig und zeitraubend waren. Es gab Kollegen, die immer und zu allem etwas sagten. Nicht nur ein-, sondern dreimal. Im Glauben, nicht von allen gehört worden zu sein, wiederholten sie ihre Bedenken. Es waren die typischen Bedenkenträger, die einem die Zeit stehlen und sich wichtig machen.

Bei solchen Sitzungen entstanden viele meiner Gedichte im Eugen Roth-Stil: gereimte Ungereimtheiten des christlichen Alltags, verdichtete kritische Beobachtungen, die später als Bücher erschienen, zuletzt unter dem Titel *Best of „Ein Christ"*.

Eines Tages schlug ich meinen Schülern in einer Fachoberklasse für Technik vor, die Bibel zum Thema der nächsten Unterrichtsstunden zu machen. Der Vorschlag wurde mit „nicht schon wieder" abgelehnt: Sie hätten die Bibel in früheren Klassen schon oft zum Gegenstand langweiliger Stunden gehabt – und sie gebe nichts für den praktischen Alltag her. Ich bat um Bedenkzeit und brachte die Angelegenheit abends vor Gott; denn ich wollte das Thema nicht einfach vom Tisch fegen.

Auf der Suche nach einer Entscheidungshilfe blätterte ich in der Bibel und blieb im 2. Timotheusbrief, Kapitel 4 hängen:

„Sage den Menschen die Botschaft Gottes, gleichgültig, ob es ihnen passt oder nicht. Rede ihnen ins Gewissen, weise sie zurecht und ermutige sie. Werde nicht müde, ihnen den rechten Weg

zu zeigen. Denn es kommt eine Zeit, da werden sie die wahre Lehre unerträglich finden und sich Lehrer nach ihrem eigenen Geschmack aussuchen, die ihnen nach dem Mund reden."

Das war die Antwort. Anderntags stand ich mit den Bibeln vor 20 lustlos dreinblickenden jungen Männern und erzählte ihnen, wie Gott mir seine Meinung kundtat. Keiner lachte.

Sie saßen da, schweigend, betroffen, erwartungsvoll. 7 intensive Stunden folgten; selten habe ich ein so wachsendes Interesse an der Bibel erlebt. Später bekannten einige Schüler, dass sie seitdem gelegentlich die Bibel läsen. Einer gab zu, dadurch zum Gebet gekommen zu sein, ein anderer fand den Weg zur Kirche zurück. Ich selbst war betroffen von dieser Offenheit und wünschte allen Religionslehrern solche Sternstunden der Pädagogik, denn sie sind nicht zu beneiden. Religionslehrer haben es schwer an Berufsschulen. Mich wundert nicht, dass sie einen erheblichen Teil meiner Patienten ausmachen.

Aufgrund des Lehrermangels und meiner gefragten Fächerkombination erteilte ich in den Berufsschulklassen Religion, in den hauswirtschaftlichen Klassen Verhaltenskunde und in der Fachklasse für Familienpflege Psychologie sowie Pädagogik. Hinzu kamen Blockseminare für Krankenpfleger und -schwestern, zahllose Kurse an Volkshochschulen sowie 50 Vorträge im Jahr.

Da mir die Jugend am Herzen lag, diese aber oft in ihrer Freizeit wie verloren schien, kam mir der Gedanke, sie für ein Kabarett zu begeistern. Es war angedacht, alljährlich verschiedene kabarettistische Stücke der Bevölkerung anzubieten.

Die Überraschung war groß, als sich zwölf Jugendliche meldeten und engagiert an die Sache herangingen. Der Saal war stets voll, die Begeisterung groß, die Pressemeldungen lobend. 5 Jahre konnten sie sich mit ihren teilweise selbstproduzierten Stücken verwirklichen. Unvergessen der Auftritt der „Königin von Schneizlreuth", dargestellt von einem Burschen im Dirndl, playback gesungen. Oder der „kleine grüne Kaktus" der Comedian Harmonists, live gesungen von vier Jungen im Frack. Die Theater-Episode endete, als viele studierten und wegzogen.

Die Resonanz muss in der Bevölkerung sehr gut gewesen sein. Denn als ich einmal in einer winterlichen Nacht, vom Gegenverkehr geblendet, gegen ein Vorfahrtsschild prallte, wurde mir die Bezahlung des Schadens erlassen mit der Bemerkung: „Lassen Sie gut sein, Herr Müller. Sie haben eine so gute Jugendarbeit gemacht, das übernimmt die Gemeinde."

Ich muss also meine Meinung über Verwaltungsbedienstete korrigieren: Nicht alle sind stur und Paragrafenreiter.

VERSPÄTETE THEATERPROBE

Es war Freitag. Für 20 Uhr war die vorletzte Probe des Shakespeare-Stücks „Wintermärchen" am Stadttheater Trier angesetzt. Ich hatte eine kleine Rolle angenommen, die gleich am Anfang zur Geltung kam, was das Lampenfieber verstärkte. Nachmittags erteilte ich noch einen Kurs in Autogenem Training in Saarbrücken. So weit, so gut. Dann passierte es: Auf der Fahrt nach Trier verhedderte sich das Kupplungsseil in der Führungsschiene. Ich fuhr einen Buggy, einen kleinen Polyester-Flitzer auf VW-Basis.

Es war kurz vor 19 Uhr. Da es keine telefonische Möglichkeit zum Notruf gab, begann ich auf der Autobahn, das Problem selber zu beheben. Ohne Werkzeug dauerte es lange; immer wieder rutschte das Seil ab, auch weil es ölverschmiert war. Ich wusste, dass eine Verspätung bei solcher Probe, die noch ohne Kostüme stattfand, Ärger nach sich zog, vielleicht einen Rausschmiss, mindestens eine Zwangspause. Also fragte ich Gott, ob er das Problem rasch lösen könne. Er konnte nicht.

1 Stunde zu spät kam ich ölverschmiert auf die Bühne – und hörte den Regisseur Baer rufen: „Herr Müller, Ihr Auftritt!" Die Probe musste aufgrund eines Lichtausfalls um 1 Stunde verschoben werden. Aha, dachte ich, so macht das der Himmel. Gott konnte also doch. Skeptiker mögen es anders sehen, nämlich als reinen Zufall. Doch auch das bedeutet im Sinn des Wortes: Es fällt mir jetzt zu. Das deute jeder nach eigenem Gutdünken.

Oft wird mir die Frage gestellt, wie ich es schaffe, all die Hobbies und beruflichen Tätigkeiten unter einen Hut zu bringen.

Ob nicht die Gefahr einer Verzettelung bestünde. Ob nicht das eine oder andere zu kurz käme. Gewiss besteht die Möglichkeit einer Verplanung. Um das zu vermeiden, hab ich immer einen Tagesplan mit eingebauten Freizeiten. Dieses Zeitmanagement beherrschen leider nur wenige. Da ich kein Perfektionist bin, brauche ich nicht so viel Zeit. Außerdem legte ich mir schon früh ein großes Stichwortregister zu, in dem sämtliche Themen meiner Bücher zu finden sind. Das ist zeitsparend bei Vorbereitungen meiner Unterrichtsstunden, Vorträge, Publikationen, Seminare und späteren Predigten. Was nützen mir meine Bücher, wenn ich nicht mehr weiß, wo was steht!?

Entspannung finde ich im Caféhaus, beim Essen mit Freunden und natürlich beim bunten Treiben der Theaterleute.

BESUCH EINER SATANISTIN

Sie hatte von mir gelesen und wollte mich kennenlernen. Als sie in meine Praxis kam, ganz in Schwarz gekleidet, war mir unwohl. Ihr Lächeln schien nicht echt zu sein. Meine Frage, ob sie in Trauer sei, beantwortete sie mit einem kargen „Nein". Dann kam wieder das kalte Lächeln. Sie musterte den Raum, betrachtete die Bilder (viele Ikonen), wollte manches wissen, bis ich das Gespräch beendete mit dem Hinweis auf dringende Telefonate. Sie erhob sich und übereichte mir zum Dank eine Pralinenschachtel. Dabei rutschte ihr Ärmel hoch und gab eine Tätowierung frei: das Baphomet-Zeichen, bekannt als Emblem der Satanisten, bestehend aus fünf Zacken, die den Kopf des Ziegenbocks stilisieren: zwei Hörner, zwei Backenknochen, Bart.

Ich blickte ihr aus dem Fenster nach und sah sie einsteigen in einen kleinen schwarzen Fiat mit der Nummer 666 im Kennzeichen. Diese Zahl ist ebenfalls bekannt als satanische Zahl, entnommen aus der Johannes-Offenbarung, in der sie als Zahl des Tieres bzw des Antichrists bezeichnet wird.

Mein Gefühl hatte mich nicht getäuscht. Beim Öffnen der Pralinenschachtel fiel mir auf, dass die äußere Zellophanhülle fehlte. Also war sie geöffnet worden. Aber warum? Mir kam der Verdacht, dass man mich mit Kontaktmagie schädigen wollte. Kontaktmagie ist der Versuch, mit schwarz-magisch bearbeiteten Gegenständen oder Nahrungsmitteln eine Person zu verwünschen oder zu binden.

Im positiven Sinn stellt das Berühren von Reliquien oder Heiligenfiguren oder das Trinken von Weih-/Heilwasser auch eine Art Kontaktmagie dar, mit dem Unterschied, dass hier das Vertrauen in Gottes Hilfe wesentlicher Bestandteil der Handlung ist. Aus der Apostelgeschichte wissen wir, dass die Menschen durch Berühren des Schweißtuchs von Paulus geheilt wurden.

Was genau mit den Pralinen gemacht worden war, entzog sich meiner Kenntnis; ich habe sie entsorgt. – Dieser Besuch lehrte mich etwas Neues: In Abwandlung eines Shakespeare-Zitats wurde mir bewusst, dass es zwischen Hölle und Erde Dinge gibt, die wir uns nicht vorstellen können.

ANGRIFFE DER PSYCHOANALYTIKER

Es hatte sich herumgesprochen, dass ich die religiöse Komponente in die Therapie miteinbezog, immer dann, wenn der Glaube oder das Gottesbild des Klienten beteiligt war am seelischen Ungleichgewicht. Erstaunlich viele litten unter fataler Leistungsfrömmigkeit, unter Höllenängsten und einem abwertenden Über-Ich, entstanden durch enge religiöse Erziehung. Diese Faktoren wurden bislang nie in Therapien angesprochen, schlimmstenfalls ausgeredet und als ekklesiogene Neurosen etikettiert. So fühlten sich diese Menschen nicht ernst genommen und litten weiter an ihren Ängsten und Schuldgefühlen.

Ich wagte nun etwas, das man bislang als Scharlatanerie oder „unwissenschaftlich“ bezeichnet hatte. Eben dieser Vorwurf wurde mir von einigen Psychoanalytikern gemacht. Warum aber sollten ein krankmachendes, falsches Gottesbild und eine verklemmte religiöse Einstellung nicht thematisiert werden? Ich tat es und erwischte oft genug den Knackpunkt des seelischen Unbehagens.

Die Angriffe gegen mich fanden auch in den Medien statt. Ich wehrte mich dagegen, mit dem Erfolg, dass ich eingeladen wurde, auf dem Therapeutenkongress in Wien mein Modell vorzustellen. Darauf musste ich mich gut vorbereiten, da die Freudsche Psychoanalyse die Religion als „Opium des Volkes“ betrachtete.

Es gab eine Menge Fragen und heiße Diskussionen, allerdings auch Bestätigung und Rückendeckung einiger Kollegen.

In der Folge kamen weitere Einladungen, unter anderem von der Ignis-Akademie, vom Verband christlicher Ärzte und Psychologen sowie aus dem Ausland, wie ich später noch berichte.

Es kamen immer wieder Anfragen, auch nach Adressen von Therapeuten, die den christlichen Glauben ernst nehmen. Ich habe versucht, sie herauszufinden und solche Kollegen und Kolleginnen zu vermitteln. Dabei ist nicht immer klar, welche Spiritualität sie leben. Denn christlich orientierte Beratung kann auch nach hinten losgehen, wenn jemand alles verteufelt, was dem Klienten lieb, teuer und keineswegs schädlich ist: Tai Chi, Qui Gong, Yoga, Homöopathie, Kinesiologie usw. Da sind mitunter die Nebenwirkungen der Allopathie problematischer.

Es finden sich unter manchen Christen kontroverse Auffassungen mit schrägen Begründungen. In meinem Buch über alternative Heilverfahren habe ich versucht, Kriterien der Unterscheidung darzulegen, wohl wissend, dass auf diesem Territorium noch viele Glaubenskriege ausgetragen werden.

WENN ELTERN NICHT LOSLASSEN

Therapeutische Praxen sind überfüllt mit Menschen, die Depressionen, Ängste, Zwänge, Selbstwertprobleme, psychosomatische Krankheiten und Folgen von Missbrauch plagen. Viel ist hausgemacht. Liebesentzug, Schuldzuweisungen, Mobbing, Kränkungen, Ungerechtigkeiten, falsche Ernährung sowie eine negative Lebenseinstellung tun das Übrige.

Etliche hegen eine Hassliebe zu ihren Eltern, weil die sie zu lange oder immer noch „erziehen“ wollen. In gutmeinender Weise werden die Kinder überbehütet und mit Ratschlägen traktiert. Hier kann vor allem eine zu enge Mutter-Kind-Beziehung die seelische Entwicklung blockieren oder verzögern.

Ein junger Mann kam in meine Praxis, Einzelkind einer Bauernfamilie, zusammen mit seinen Eltern. Die Mutter bat mich, ihrem 28-jährigen Sohn etwas mehr Selbstbewusstsein zu vermitteln. Stellte ich meine Fragen an ihn, antwortete sie; suchte er nach Worten, griff sie ein und ergänzte sie. Der junge Mann war im elterlichen Betrieb tätig, kräftig gebaut, aber vom Verhalten her alles andere als respektabel. Er sprach gedämpft, schaute immer wieder zu seinen Eltern, wobei sein Vater ihm wiederholt durch Blicke zu verstehen gab: Jetzt sprich endlich! Eigentlich hatte ich drei Klienten vor mir.

Der junge Mann hatte Angst vor Ablehnung für den Fall, dass er gegen den elterlichen Willen etwas unternahm. Er fühlte sich ständig schuldig, auch vor Gott, und zeigte zudem eine Abneigung gegen das Beten. Es war das Ergebnis religiöser Überfütterung und unterschwelliger moralischer Gängelei.

Im gespielten Gespräch mit seiner Mutter, deren Rolle er im Dialog selber übernahm, erkannte er seine passive Aggressivität, die ihm dauernd Bauchschmerzen bereitete.

Die buchstäbliche Wut im Bauch wurde kurioserweise mit Medikamenten behandelt, natürlich ohne Erfolg.

Irgendwann war er imstande, seiner Mutter gegenüber deutlich den Wunsch nach Abgrenzung auszusprechen:

„Du und Vater, ihr raubt mir meinen Atem. Ich will endlich mal so leben, wie ich will. Und ich will den Hof nicht übernehmen. Lasst mich in Ruhe! Ich bin kein Kind mehr."

Es folgte eine Flut von Vorwürfen mit abschließendem Tränenausbruch. Statt Wut kam Trauer, besser: ohnmächtige Wut. Dann kamen Schuldgefühle; denn wer auf seine gutmeinenden Eltern schimpft, gerät in eine Beziehungsfalle. Schließlich haben die Eltern auch Gutes getan. Das vierte Gebot verlangt, seine Eltern zu ehren. Es heißt nicht, alles tun, was sie sagen.

Der junge Mann litt unter funktionalen, unechten Schuldgefühlen und darunter, dass er statt selbst zu leben gelebt wurde.

Ohne direktives, wegweisendes Gespräch mit den Eltern kam ich nicht weiter. Sie haben ihre Fehler eingesehen. Ob sich die

Situation grundlegend änderte, habe ich nicht erfahren. Aber immer, wenn Mütter besorgt anrufen, ich möge den Eigensinn ihres Sprösslings „behandeln", bitte ich sie, erst selbst zu kommen.

BESUCH VOM ALLIGATOR

Eine besondere Überraschung erlebte ich auf einer Amerikareise, die ich mit Rainer und Thomas, zwei Mitarbeitern unseres frisch etablierten Jugendkabaretts in Wiltingen/Saar, im Sommer 1985 unternahm. Ich erinnere mich, wie ich im Flugzeug zu Thomas sagte: „Es wäre heiß, wenn wir in Florida jemand träfen, der uns zu sich einlädt."

Ich ahnte nicht, dass dieser Jemand eine Reihe vor uns saß.

Wir waren ins Gespräch vertieft, redeten über den religiösen Pluralismus und die Kirchenzersplitterungen in Amerika, als sich der Jemand umdrehte und in fließendem Deutsch sagte:

„Entschuldigen Sie, wenn ich mich einmische. Mein Name ist Joe Smalley, ich arbeite in Müllheim/Rhein beim 'Feldzug für Christus' und bin auf dem Weg nach Hause zu meinen Eltern in Florida. Ich habe Ihr Gespräch mitgehört. Was Sie sagen, interessiert mich. Ich bin Koordinator der Aktion 'Athletes in Action' für Europa, einer überkonfessionellen christlichen Sportlervereinigung."

Diese Einleitung war der Beginn einer freundschaftlichen Unterhaltung. Und da wir in seiner Nähe Station machen wollten, lud er uns zu seiner Familie nach Fort Lauderdale ein.

Der Mount Hermon-Schriftstellerkongress hatte Joe Smalley 1981 zum „Autor des Jahres" ernannt; er schrieb einige Bücher und viele Artikel über das Leben gläubig gewordener Sportler.

Während unseres Kaffeegesprächs bei ihm in Lauderdale sprang plötzlich die Tür auf, die zur Wiese vor dem Haus führte und unmittelbar an einen Kanal grenzte. Ein Alligator von beachtlicher Größe machte uns seine Aufwartung. Großer Schreck. Doch unser Gastgeber beförderte mithilfe einer Metallschleife das Reptil ins Freie. „Das ist Jim", meinte er lachend, „immer wenn das Wetter umschlägt, kommt er."

FLUCHTVERSUCH

Es ist 23 Uhr. Ich sitze in der Trierer Studentenkneipe „Simplicissimus“ und komme ins Gespräch mit einem jungen Tunesier, der verloren vor seinem Bier sitzt. In fließendem Deutsch erzählt Mohamed seine Lebensgeschichte. Die Suche nach besserem Einkommen hat ihn nach Deutschland verschlagen. Jetzt wolle er versuchen, in Trier Fuß zu fassen, Unterkunft und Arbeit zu finden. Doch jedesmal, wenn die Leute seine dunkle Hautfarbe sähen, sei die Arbeit vergeben und das inserierte Zimmer vermietet. Jetzt wisse er nicht weiter.

Ich verspreche ihm Hilfe und bitte ihn, sich nach drei Tagen bei mir zu melden; bis dahin hätte ich beides für ihn gefunden. Und tatsächlich: Ich konnte ihm eine Anstellung als LKW-Fahrer und ein Zimmer im Stadtzentrum besorgen.

Im Verlauf der nächsten Jahre lernte ich in Tunesien seine Familie kennen, auch seine Schwester, die schon viele Jahre in Deutschland lebte. Irgendwann wuchs in mir der Wunsch, aus dem Beruf auszusteigen und in Tunesien eine T-Shirt-Fabrik aufzubauen. Es war die Zeit der „Aussteiger“; viele Manager gaben auf und suchten eine neue Existenz in der Fremde. Es flatterte sogar ein Angebot auf meinen Schreibtisch, mit anderen Auswanderern eine kleine griechische Insel bei Ithaka zu kaufen.

Der Plan mit der Fabrik nahm Konturen an. Mohamed und ich verhandelten mit dem Gouverneur von Zaghouan, der uns günstig Bauland im Dorf Moghrane anbot und 10 Jahre Steuerfreiheit angesichts der Arbeitsplätze für die Frauen im Ort. Bald wurde ein Vertrag in Arabisch und Französisch erstellt mit dem Firmennamen SOMUGOS für Société Mueller-Bougossa (Mohameds Name). Kurz darauf begannen die Bauarbeiten.

Eines Tages flatterte ein Telegramm auf meinen Schreibtisch: *„Mohamed im Gefängnis. Bitte helfen!“* Sofort hängte ich mich ans Telefon und erfuhr, dass er ein religiöses Gesetz verletzt habe, indem er öffentlich mit einem libyschen Mädchen flirtete. Eine Anzeige brachte ihn ins Gefängnis. Das hat noch gefehlt, dachte ich, flog anderntags nach Tunis, nahm mir einen

Wagen und fuhr zum Polizeigebäude von Moghrane (westlich von Hamamet). Dort verhandelte ich mit dem zuständigen, mir bekannten Beamten, wies ihn auf die Dringlichkeit einer vorzeitigen Entlassung Mohameds hin und überreichte ihm einen schönen Kronleuchter mit Glasperlen, den ich billig bei Quelle erstanden hatte. Innerhalb eines Vormittags war Mohamed frei.

Es dauerte nicht lange, da platzte der tunesische Traum. Als sich Mohamed längere Zeit nicht meldete, stellte ich Nachforschungen an und erfuhr, dass er den reichen Scheich gespielt, Geld verschleudert und sich schließlich nach Saudi-Arabien abgesetzt hatte. Niemand wusste genau, wo er war.

Mit kriminalistischem Spürsinn gelang es mir, nach 14 Telefonaten mit mehreren Botschaften und Hotels herauszufinden, wo er war. Ich fand ihn schließlich in einem Hotel in Djiddah. Er war so überrascht, dass er nur herumstotterte und um Vergebung bat. Er hatte das ganze Geld, das zur Auszahlung an die Arbeiter gedacht war, verjubelt.

Wie einfältig und blauäugig war ich gewesen!

Mohamed verließ das Land und ging nach Frankreich, heiratete eine moslemische Französin; der Kontakt brach ab. Nach 3 Jahren rief er mich an, bat um Verzeihung und sagte: „Ich habe Krebs. Ich lebe nicht mehr lang. Bete für mich!“ Bald starb er.

KNAPP AM GEFÄNGNIS VORBEI

Der Kontakt mit der Familie in Moghrane blieb bestehen. So reiste ich immer wieder nach Tunesien, meist mit dem Auto. Für Zoll und Polizei führte ich regelmäßig Bakschisch mit mir: kleine Kronleuchter und Tischlampen.

Auf einer dieser Reisen brachte ich auch einen klappbaren Rollstuhl mit für einen beinamputierten Ziegenhirten, der sich nur mittels eines Rollbretts auf dem Boden fortbewegte.

Als ich ihn beim Hüten seiner Herde fand, übergab ich ihm den Rollstuhl, setzte ihn hinein und erklärte ihm die Mechanik. „C'est un cadeau d'Allah pour toi“, sagte ich ihm. (Das ist Allahs Geschenk für dich.) Er war so überwältigt, dass ihm die

Tränen kamen. Es dauerte nicht lange, dass ich umgeben war von ein paar Männern, die sich das Schauspiel ansahen. Weiß der Kuckuck, woher sie plötzlich kamen, da ich den Jungen allein vorfand. Sie umarmten mich und gaben mir den Namen „El Bostaji bi esn'allah", was soviel heißt wie Postbote Gottes.

Nicht genug damit, schenkten sie mir einen lebenden Hammel, Rosenwasser und Schafwolldecken. Was soll ich mit dem Hammel, fragte ich mich. So kam mir der Gedanke, sie zu einem Hammelfest einzuladen. Hätte ich geahnt, dass ich als Gastgeber die Ehre hatte, ein Glas frisches Hammelbut zu trinken ...

Es war Zeit zurückzukehren – diesmal nicht über Italien, sondern über Algerien, Marokko und Spanien. Bei Algier tanzten aggressive Paviane auf meiner Kühlerhaube; mit einem Kavaliersstart und abruptem Bremsen schüttelte ich sie ab.

Ich stand mit meinem Renault am Hafen von Algeciras und wartete mit vielen anderen PKW-Reisenden vor der Zollkontrolle. Nur schleppend ging es voran. Ich hatte meine Vordertüren ausgehängt und hinter die Rücksitze gelegt, um frischen, aber immer noch warmen Fahrtwind reinzulassen. Weil die Zollbeamten alle Wagen genau untersuchten und Drogenspürhunde einsetzten, schleppte sich der Nachmittag dahin. Ich hatte nichts zu befürchten, wollte nur schnell auf die Fähre. Spanien und Frankreich mussten noch durchquert werden.

Vor mir wurde ein alter BMW durchwühlt; die zwei jugendlichen Fahrer aus Deutschland mussten alles ausräumen und neben das Auto legen. Während der Prozedur fing ich an, Ordnung in meinem Wagen zu machen, Handschuhfach und Kühlbox auf der Mittelkonsole zu entrümpeln sowie ein lästiges Kabel unter dem Autoradio zu entfernen. Dabei musste ich das Radio aus dem Rahmen nehmen, was überraschend leicht ging.

Plötzlich wurde ich stutzig und fand eine zellophanverpackte Platte mit gepresst-brauner Masse, groß wie ein Terminkalender. Mir stockte der Atem. Haschisch? Nicht schon wieder!

Da bellte der Hund vor mir. Die Beamten forderten die Jugendlichen auf, die Türverkleidungen ihres BMW abzuschrauben. Dann entnahmen sie einige Päckchen mit braunem, gepresstem Pulver. Die Jugendlichen wurden sofort ins Zollgebäude beordert. Es gab keinen Zweifel: Das bedeutete Gefängnis.

Ich war nassgeschwitzt. Wie kam das Päckchen hinter das Radio und wohin damit? Rauswerfen ging nicht, die Hunde hätten es sofort aufgespürt. Und überall Beamte. Ich sah mich schon in Handschellen in einem stinkenden spanischen Loch vegetieren.

„Lieber Gott, lass den Kelch an mir vorübergehen", vermochte ich noch zu murmeln, als ein Beamter auf mich zukam und mich zum Weiterfahren aufforderte: „Barra, barra!"

Ich glaube, ich habe in dieser kurzen Zeit 1 Kilo abgenommen.

ERFAHRUNG DES BÖSEN

Immer häufiger schickten Neurologen und auch Pfarrer Patienten zu mir, die ein diffuses, manchmal psychotisches Krankheitsbild boten. Sie hatten in der Regel schon mehrere erfolglose Klinikaufenthalte hinter sich und präsentierten sich mir oft als wandelnde Apotheken: Vollgepumpt mit Psychopharmaka.

Ich hatte den Eindruck, die Krankheitsbilder nahmen immer schlimmere Ausmaße an. Neben den depressiven Symptomen, die sich meist hinter vegetativen Funktionsstörungen verbargen, fanden sich gelegentlich scheinpsychotische Merkmale, die, oberflächlich betrachtet, schizophrenen Charakter zu haben schienen. Die Betreffenden hörten Stimmen, die sie zu autoaggressiven Handlungen aufforderten, auch zu Suizid oder zu Selbstverstümmelungen. Manche gaben an, einen Läster- und Fluchzwang zu haben, einen Lachzwang während des Betens oder eine innere Sperre gegen religiöse Handlungen. Die damit verbundenen Ängste und Schuldgefühle wie auch das Stimmenhören konnte keine herkömmliche Therapie beeinflussen.

Eines Tages kam ein junger Mann zu mir, der ein erbärmliches Erscheinungsbild bot: Ständig mit den Beinen zitternd und die Knie aneinanderschlagend saß er vor mir, sein unruhiger Blick und seine ungeordnete Sprache verwirrten mich. Dann stand er auf, lief durch den Raum, legte sich auf die Couch, stand wieder auf. Ich hatte vermutlich einen Psychotiker mit Mobilitätsstörungen vor mir. Seit Geburt sei er krank, sagte er. Er habe einen ungeheuren Hass auf seine Mutter, die sich ein Leben lang mit okkulten Handlungen beschäftige, sogar Satansbeschwörungen praktiziere und ihn dem Teufel geweiht habe.

Ich war geneigt, die Geschichte als gewaltige Übertreibung eines Hysterikers abzutun, erinnerte aber einen ähnlichen Fall, den mir kurz vorher eine depressive Frau berichtet hatte. Immer mehr sah ich mich genötigt, meine bescheidenen Kenntnisse auf dem Gebiet des Okkultismus zu erweitern. Viele Christen deuten gewisse Erkrankungen als Begleiterscheinungen dämonischer Besessenheit, was aber meist nicht stimmt.

Ständig mehr okkult gestörte Menschen kamen in meine Praxis. Es spielte keine Rolle, ob hier tatsächlich dämonische Mächte mitspielten oder psychische Eigenkräfte sich abspalteten. Besonders junge Menschen laufen Gefahr, in okkulten Praktiken ihre Neugier zu befriedigen und nach Geheimnissen zu forschen, die Menschen verschlossen bleiben. Was sich tatsächlich bei Tischrücken, Gläserschieben oder spiritistischen Sitzungen abspielt, bleibt oft unklar. In den meisten Fällen spielen Projektionen unbewusster Gedanken eine Rolle. Das ist nicht weniger gefährlich, weil hier Abhängigkeiten, Ängste, sogar Psychosen entstehen können. Die Abspaltung unterbewusster Seelenschichten kann sich im Stimmenhören oder Schattensehen manifestieren. Keiner weiß, ob hier nur die Eigendynamik der Psyche am Werk ist oder geistige Wesen.

Ständige Anfragen von Belasteten nötigten mich zu handeln. Ich musste mich weiterbilden auf diesem Grenzgebiet, denn mir war klar, dass Gebet allein und Psychopharmaka nicht reichen.

Der misslungene Fall Anneliese Michel war dann Anlass, Fälle mit ähnlichen Symptomen gründlicher zu studieren.

Mir fiel auf, dass bei den meisten für besessen gehaltenen Personen schwere frühkindliche Traumata vorlagen; es konnten sexuelle, physische, emotionale oder spirituelle Missbräuche gewesen sein, auch gravierende Unfälle mit Todesangst.

Manchmal entwickelten diese Personen nach dem Trauma besondere Fähigkeiten wie Hellsehen, Aurasichtigkeit oder ein spezielles Gespür für negative Schwingungen. Bislang wurden solche „Gaben“ vorschnell als dämonisch eingestuft oder nicht ernst genommen. Damit wurde den Betroffenen viel Schaden zugefügt, etliche bekamen die Diagnose „Besessenheit“.

Leider betreiben manche in Unkenntnis der psychischen Tricks eine Dämo-Kratie, die dem Teufel Ehre macht.

Ein Schlüsselerlebnis verdanke ich einem jungen Mann aus Frankfurt, dem zwei Baptistenpfarrer Besessenheit diagnostizierten. Er gebärdete sich aggressiv in meiner Praxis, schleuderte allen Hass gegen das Kreuz, rückte mit dem Stuhl weg und verlangte, dass ich „auf Teufel komm raus“ kein Gebet sprechen sollte. Mir schien das Gebaren unecht.

„Wenn Sie so einen Hass gegen Gott haben und seine Nähe nicht aushalten, wieso können Sie dann so sicher auf dem Sessel sitzen? Denn darunter befindet sich ein Kreuz“, sagte ich.

Sofort sprang er auf und war außer sich.

„Was macht Sie so wütend? Dort ist kein Kreuz. Ich habe Sie getäuscht.“ Er schaute nach. Da war nichts.

„Sie haben ein Vaterproblem. Ihre ganze Wut, die Ihrem Vater gilt, verschieben Sie auf Gottvater. Sie sind nicht vom Teufel besessen, sondern von Ihrer Vaterwunde. Was Sie brauchen, ist eine gründliche Therapie. Da kann Ihnen geholfen werden.“

Der junge Mann setzte sich und fing an zu weinen.

Endlich brach der Panzer auf. Er schien erleichtert zu sein.

Plötzlich konnte er das Kreuz an der Wand aushalten.

Ich schließe nicht generell aus, dass es dämonische Mächte gibt, zumindest haben wir alle schon Böses erfahren. Die Frage bleibt offen, ob es sich dabei um *das* Böse als destruktive Energie oder um *den* Bösen als personales Wesen handelt. Beweise sind kaum möglich. Die Erfahrungen lassen mehrere Möglichkeiten offen. Wer jedoch behauptet, das alles gäbe es nicht, ist weder aufgeklärt noch klug. Er ist schlicht naiv.

Vor allem wurde mir klar, wie schwer die Unterscheidung ist.

Ich musste lernen, folgende Hintergründe in Betracht zu ziehen: tatsächlich dämonische Aktivitäten; Abspaltungen traumatisch bedingter Gefühle (Dissoziationen); Wirken von Geistwesen, etwa Verstorbene; persongebundener Spuk, wobei sich psychische in kinetische Energie verwandelt; schließlich Übertragungen ungelöster Konflikte von Vorfahren (systemische Belastung).

In den folgenden Jahren sollten sich noch viele Fälle ereignen, in denen sogar Bischöfe mich um Hilfe baten. Zahllos sind die Anfragen der Fernseh- und Rundfunkanstalten, die mich erreichten. Alle wollten ihren Beitrag spektakulär aufputschen, um Quote zu machen. Leider roch es nie nach Schwefel.

Besonders weise ich darauf hin, dass bei schwerwiegenden Störungen immer auch der familiäre Kontext untersucht werden muss. Es ist fatal, nur auf Aussagen des Betroffenen selber eine Diagnosen zu stellen.

Und bei Grenzfällen ist es geboten, stets im Team (Mediziner, Psychologen, Therapeuten, Priester) zu arbeiten.

GEFUNDEN IN KAIRO

Jahrelang unterstützte ich ein Waisenhaus in Kairo, betreut von Reverend Mouskir Riskallah. Ich übernahm die Patenschaft eines arabischen Jungen und unterstützte die Einrichtung einer Videothek für die Jugendlichen. Schließlich lud mich der Reverend nach Kairo ein, um mit mir das Projekt anzuschauen.

Eine gute Gelegenheit, endlich mal nach Ägypten zu kommen und dies zu verbinden mit einer Exkursion zum Katharinenkloster auf dem Sinai. Außerdem wollte ich die berühmte „Müllschwester“ Emanuelle besuchen.

So buchte ich ein Hotel nahe den Pyramiden und mietete mir am Flughafen einen Wagen. Dann machte ich mich auf den Weg zu Reverend Riskallah, der am Rand der lauten und schmutzigen Stadt wohnte. Aber wie es mit Stadtplänen so ist, nichts stimmte. Ein Handy hatte ich noch nicht. Ich lief mehrfach um den beschriebenen Häuserblock herum, fragte die Menschen, soweit wir uns verständigen konnten, studierte den Plan – ohne Erfolg.

Nach 1 Stunde zermürbender Suche wollte ich zum Hotel zurückfahren, als ein junger Mann im modernen, westlichen Outfit auf mich zukam. „Sind Sie Dr. Müller?“, fragte er in arabisch klingendem Französisch.

„Ja, das bin ich.“

„Ich bin Reverend Riskallahs Sohn. Kommen Sie.“ Er führte mich ins Haus seiner Eltern, das versteckt in einem Hinterhof lag.

Im Wohnzimmer wartete die gesamte Familie, sieben Personen. Abdelkrim, der älteste Sohn, studierte in Kairo. Sein Bruder war Musiker. Reverend Mouskir Riskallah selbst war eine stattliche Erscheinung und Geistlicher der Baptistenkirche „Church of God“. Zwei Töchter gingen noch zur Schule.

Nach dem Essen fuhren wir ins Waisenhaus, wo er mich meinem „Patenkind“ Youssef vorstellte. Youssef war 12 Jahre alt, immer lächelnd und hochgewachsen. Ich spürte die Dankbarkeit der Kinder, die ihren geistlichen Vater verehrten und trotz ihrer Armut fröhlich waren.

Erschöpft kehrte ich ins Hotel zurück. Um 5 Uhr früh läutete das Telefon: „Salam, Docteur Muller. Hier ist Béchir. Sie wollen doch zum Katharinenkloster. Mein Freund und ich bringen Sie mit dem Jeep hin. Wir sind an der Rezeption.“ Ich war total überrascht. Denn immerhin war das eine mühsame Reise von 100 km quer durch die Sinai-Halbinsel. Und das bei 40 Grad.

Es wurde eine beeindruckende Tour, die mich erahnen ließ, wie der Auszug aus Ägypten ausgesehen haben könnte.

Wie aber finde ich Schwester Emanuelle, die berühmte alte Dame, die sich der Müllmenschen angenommen hat? Ich wusste lediglich, dass sie manchmal in der katholischen Kirche St. Joseph im Stadtteil Abdin anzutreffen war. Also machte ich mich auf den Weg dorthin, um den sonntäglichen Gottesdienst mitzufeiern. Vielleicht habe ich Glück, dachte ich.

Nun stand ich in der vollbesetzten Kirche. Wie sollte ich Sr. Emanuelle finden, wenn ich nicht einmal wusste, wie sie aussah? So entschloss ich mich, die neben mir kniende ältere Dame zu fragen: „Pardon, ich suche Soeur Emanuelle.“

Die Dame wandte sich mir zu und sagte lächelnd: „Ich bin es."

Seltsam, dachte ich. Wieder eine dieser merkwürdigen Fügungen. Erst findet mich ein junger Mann, der mich nie gesehen hat, dann finde ich eine alte Frau, die ich nie gesehen habe ...

VERIRRT IM WALD

Es war ein schöner Herbsttag an der Mosel. Ich entschloss mich, auf den Hunsrück zu fahren, das Auto am Waldrand abzustellen und einen ausgedehnten Spaziergang zu machen. Es war gegen 16 Uhr. In der Nähe der Römerstraße bei Morbach begann meine Wanderung. Ich genoss die Ruhe des Waldes, den Duft der Nadelbäume, die typische Waldstimmung, die ich schon als Junge liebte, wenn mein Vater mich mit zur Jagd nahm.

So drang ich immer weiter in den Wald vor und merkte nicht, wie sich die Dunkelheit immer rascher ausbreitete. Es war Zeit zur Umkehr. Zu allem Übel knickte jetzt mein rechter Fuß um. Er schwoll an und tat bei jedem Tritt weh. Binnen kurzer Zeit wurde es so finster um mich, dass ich unmöglich den Weg zurückfinden konnte und mich mit dem Gedanken vertraut machte, die Nacht im Wald zu verbringen. Warum war ich nicht früher umgekehrt? Ich hatte zwar keine Angst, doch die Kälte der Nacht machte mich nervöser als die Geräusche knackender Äste, huschender Nachtvögel oder rufender Käuzchen.

In dieser misslichen Lage bat ich Gott um Hilfe. Die blieb nicht aus. Nach 10 Minuten hörte ich das Motorengeräusch eines Volkswagens. Ich stellte mich in den Lichtkegel und winkte.

Das Auto hielt an, der Fahrer, etwa 30 Jahre alt, rief mir aus dem Fenster zu: „Brauchen Sie Hilfe? Steigen Sie ein!"

Ich nahm sein Angebot dankbar an.

„Sie kommen wie vom Himmel geschickt", sagte ich.

„Natürlich", entgegnete er, „komme ich ja auch."

Ich war irritiert angesichts dieser Worte, die er so selbstverständlich sprach. Und während er mich zu meinem Wagen zurückfuhr, fragte ich ihn: „Glauben Sie an Engel?"

„Klar", meinte er, „ich bin ja einer." Und er lachte.

Mir wurde mulmig. Ich schaute ihn an, als ob ich die verborgenen Flügel suchte. Er fuhr mich zielsicher zu meinem Auto. Dort sagte er: „Wissen Sie, ich war auf der Heimfahrt, als ich auf der Kreuzung den Impuls hatte, nach rechts zu fahren. In den Wald. Das tat ich dann. So bin ich auf Sie gestoßen. Da kann man doch sagen, dass Gott seine Hände im Spiel hatte."

Der Mann wurde mir immer sympathischer. Und geheimnisvoller. Ich bot ihm ein Entgelt an, das er erwartungsgemäß ausschlug. Also notierte ich mir seine KFZ-Nummer: BKS (für Bernkastel-Kues) ... in der Absicht, ihm ein Geschenk zu machen.

Anderntags ging ich zum Landratsamt, erzählte der Dame am Schalter mein Erlebnis und bat um die Adresse des Kfz-Halters. Nach anfänglichem Zögern war sie bereit nachzuschauen. Sie suchte ziemlich lange. Dann erklärte sie: „Junger Mann, ich kann diese Nummer nicht finden. Die existiert nicht. Tut mir leid."

In Gedanken versunken fuhr ich nach Hause.

So also sehen Engel aus, dachte ich, ganz ohne Flügel.

DAS ZEICHEN

Der Wunsch, Priester zu werden, entzog sich jeder Verdrängung. Ich ging auf die 50 zu und brauchte Klarheit. Der innere Ruf war da, doch das Ja der Kirche fehlte. Die von mir angefragten Bischöfe wollten nur Pfarrer haben, aber keinen Priester, der als Psychotherapeut tätig sein wollte. Irrte meine innere Stimme? War es reines Wunschdenken? Wer legte mir Balken in den Weg? Ich brauchte eine klare Antwort und wagte zum ersten Mal, von Gott einen deutlichen Fingerzeig zu erbitten.

Da hörte ich von Medjugorje und wollte diesen Erscheinungsort der Mutter Gottes in Kroatien besuchen, wobei ich skeptisch war, was die Erscheinungen betraf. Das war nach Weihnachten 1986. Keiner wusste von der Reise; sie war geheim.

3 Tage vor Abreise erreichte mich ein Brief, in dem mir ein junger Theologiestudent aus Tübingen, Josef Böhle, Informationsmaterial über Medjugorje sandte. Er habe „im Gebet erfahren", dass ich dorthin reisen wolle, und lege mir die beste

Autoroute bei. „Im Gebet erfahren“, geht es mir durch den Kopf. „Was hat das zu bedeuten?“

Angekommen suchte ich das Pfarrhaus auf, wollte Pater Slavko Barbaric sprechen, von dem ich einiges gelesen hatte, und ihm als Kollegen vom Fach Fragen zu den Ereignissen stellen.

Ein kleiner rundlicher Pater (Ivan Dugandcic) öffnete die Tür.

Ich stellte mich vor. „Kommen Sie herein. Wir haben Sie erwartet!“ Mir verschlug es die Sprache. Erwartet?

Ehe ich fragen konnte, war er schon verschwunden, um Pater Slavko zu suchen. Auf dem Schreibtisch lag mein Buch „Gott heilt auch dich“. Seltsam, was ging hier vor?

Dann kam Pater Slavko. „Endlich kommst du mal, lieber Mitbruder. Schön, dich zu sehen! Du bist zum Essen eingeladen.“

Nun überschlugen sich die Ereignisse.

Als ich hinausging in die Dunkelheit und eintauchte in die Pilgerschar, kam ein junger Mann: „Guten Abend, Dr. Müller. Ich bin Josef Böhle, der Ihnen die Route schickte. Ein Kommilitone, der mal bei Ihnen hospitierte, beschrieb Sie mir. Wir können jetzt zu den Sehern gehen; alles ist vorbereitet.“

Vorbereitet? Besuch bei den Sehern? Träumte ich? Ich war verwirrt, aber voller Erwartung. Ich wollte doch nur ein Zeichen.

20 Uhr. Ich stand in der überfüllten Kirche, eingezwängt von Pilgern, und nahm teil am Gottesdienst, den Pater Slavko hielt. Irgendwann baute er eine stille Zeit von etwa 2 Minuten ein. In diesen Minuten geschah es: Mich überfiel eine innere Hitze, mein Herz klopfte stark, ich befürchtete umzufallen.

Dann vernahm ich eine innere Stimme, die zu erklären mir unmöglich ist: „Ich wünsche, dass du in einen Orden eintrittst, um als Priester und Psychotherapeut tätig zu sein.“

Darauf Stille. Ich verließ sofort die Kirche, stieg in mein Auto und fuhr noch in der Nacht nach Trier zurück.

ABSCHIED

Ordensgemeinschaft? Welche? Wer will noch einen fast 50-jährigen? Die Jesuiten hatten mich aufgrund meines Alters abgelehnt.

Ich rief Heribert Mühlen an, Dogmatikprofessor in Paderborn. Er hatte mich vor einigen Jahren angerufen und gebeten, Mitglied im Vorstand der deutschen Charismatischen Erneuerung zu werden. Als ich ihm meine Situation erklärte, wies er auf die Gemeinschaft der Pallottiner hin, deren süddeutscher Sitz sich in Friedberg/Augsburg befindet.

Also machte ich mich nach Friedberg auf, auch um zu testen, ob der Ruf in Medjugorje Bestand hätte. Wenn das jetzt nichts wird, dachte ich, bleibt es beim Status quo, sprich: beim Job als Oberstudienrat und bei der therapeutischen Praxis. Basta.

Es wurde. Der damalige Provinzial P. Ferdinand Thome hörte sich meine Geschichte an und sagte „Ja“. Die Aufnahme ins Noviziat, eine Probezeit von 2 Jahren, sollte im Herbst des folgenden Jahres beginnen. Es war 1989, das Jahr des Mauerfalls.

Die kommenden Monate waren ausgefüllt mit all den umständlichen und bürokratischen Vorbereitungen, die notwendig sind, um eine große Wohnung und Praxis aufzulösen und einen etablierten Platz in der Gesellschaft aufzugeben. Jetzt galt es loszulassen und anzunehmen. Ich stand vor meinen Reisesouvenirs und wertvollen Andenken und grübelte nach: Soll ich sie verkaufen? Für wieviel? Verschenken? An wen? Verstecken? Man weiß ja nie. Ich entschloss mich, alles zu verschenken, und lud meine Schüler ein, sich zu bedienen, was sie reichlich taten. Den Honda schenkte ich meinem Vater, den roten Oldtimer MG-TD (eine Replica auf VW-Chassis) verkaufte ich. Die Praxis übernahm ein junger Kollege.

Auf dem Marktplatz holte ich noch einmal tief Luft, als ein Bursche an mir vorbeilief und mir ein Kärtchen in die Hand drückte. Ich kannte ihn nicht. Darauf stand: *„Ein anderer wird dich führen, wohin du nicht willst“* (Joh 21,18). Der Bursche war weg. Wer war das? Was sollte das bedeuten? Mir wurde mulmig. Erst 1 Jahr später sollte dieser Hinweis Realität werden.

Als meine Kollegen und Kolleginnen im Lehrerzimmer von meiner Kündigung erfuhren, standen Bewunderung und mitleidiges Lächeln im Raum.

„Wie kannst du den sicheren Beamtenstatus aufgeben! Was ist, wenn alles schief geht? Bist du dir sicher?“

Der Direktor rief mich zu sich. „Herr Kollege, ich bedaure, dass Sie gehen. Ich respektiere Ihre Entscheidung. Wir hatten manchmal Probleme; Ihre direkte Art ist speziell. Aber was ich Ihnen sagen will, bleibt unter uns: Sie sind der Erste in meiner Laufbahn als Direktor, der mir nicht in den Hintern gekrochen ist. Das rechne ich Ihnen hoch an. Ich wünsche Ihnen alles Gute.“

Ich glaube, in seinem Auge war eine Träne.

MEINE ELTERN, MEINE SCHWESTER

An dieser Stelle will ich meine Eltern erwähnen. Sie waren Ausnahme-Eltern. Man sagt immer, die Vergangenheit würde verklärt. Doch waren sie tatsächlich großzügig und empathisch; wer sie kannte, bestätigt das. Ob ich wiederholt sitzen blieb, Fehlentscheidungen traf, finanziellen Verlust bei der Fabrikplanung machte oder jetzt das Risiko einer neuen Existenz wagte – immer waren sie entgegenkommend, unterstützend und souverän. Wenn ich daran denke, welche Angst sie gehabt haben müssen bei meinen Sahara-Reisen (es gab keine Handys, keine telefonische Kontaktmöglichkeit) und wie viel Geld sie in meine Studien steckten, kann ich nur dankbar sein.

Leider starb mein Vater früh, während meine Mutter bis 94 fit blieb. Sie hat früh das Feld bestellt, indem sie beispielsweise Garage, Keller und Dachboden räumte, um uns Kinder zu entlasten. Sie hat mir die Zuordnung der Wasserhähne im Keller erklärt, gab uns die Adressen von Firmen, die bei Reparaturen kontaktiert werden sollten (die kannten unser Haus). Sie notierte alle Anschriften, die im Todesfall angeschrieben werden sollten. Das sind wertvolle Informationen, die zumeist kaum beachtet werden, weil der Tod tabuisiert wird.

Während manche Eltern im Alter von ihren Kindern Pflege und Fürsorge erwarten, war dies bei meinen Eltern nicht so. Im Gegenteil, ich hatte das Gefühl, meine Mutter verbarg ihre Wehwehchen; sie dissimulierte, d.h. sie tat so, als wäre es nicht der Rede wert. Damit wollte sie uns Kinder nicht belasten. Natürlich haben wir sie regelmäßig besucht, besonders in ihrem letzten Lebensjahr. Meine Schwester und ich wechselten uns ab. Als Vater starb, hielt ich einen Vortrag in der Schweiz; als Mutter starb, war ich in Südtirol. Ich musste meine Trauer unterdrücken und konnte sie erst Wochen später nachholen.

Meine Zwillingsschwester Heidi hat den künstlerischen Weg eingeschlagen. Sie wurde Grafikerin, dann Lehrerin an einer bayerischen Schule. Im hohen Alter heiratete sie den Kinderbuchautor Ali Mitgutsch (der mit den Wimmelbüchern) – an einem Rosenmontag. So sind sie, die Künstler: unkonventionell, kreativ und für Überraschungen gut. Solche Typen bereichern die Verwandtschaft. Wer sich auf sie einlässt, wird inspiriert.

GEFÜHRT, WO ICH NICHT HIN WOLLTE: FREISING

Trier war Geschichte. Ich begann das Noviziat in Untermerzbach bei Bamberg zusammen mit zwölf jungen Männern, die meine Söhne hätten sein können. Das war auch für den Novizenmeister Pater Lauinger eine Herausforderung. Diese Zeit in der fränkischen Abgeschiedenheit verlangte von mir eine gehörige Portion Anpassung. Aufgrund meiner abgeschlossenen theologischen und philosophischen Ausbildung und wohl auch wegen meines Alters erließ man mir das zweite Noviziatsjahr, sodass ich mit 47 einen neuen Lebensabschnitt beginnen konnte.

Der Provinzial der Pallottiner, Pater Danko, fragte mich, welchen Einsatzort ich mir vorstelle. Ich sagte ihm, er könne mich auf der ganzen Welt einsetzen, nur nicht in Freising. Das Haus dort wäre mir zu mächtig, zu dunkel, zu sehr Festung.

Er machte sich Notizen und versprach zu schauen, was geht.

2 Wochen später schrieb er mir, ich solle mich mit Freising anfreunden. Der Ort liege günstig, das Haus sei mit seinen Räumlichkeiten für meine therapeutische Arbeit bestens geeignet. Da fiel mir das Bibelwort ein, das der junge Kerl mir in Trier in die Hand drückte: *„Ein anderer wird dich führen, wohin du nicht willst."*

Tatsächlich erwies sich das Pallotti-Haus in Freising als optimal für meine Pläne. Spätere Bemühungen, in anderen pallottinischen Häusern Klienten stationär zu betreuen, scheiterten an fehlenden Räumen und Rahmenbedingungen.

Kaum waren die Koffer ausgepackt und das Arbeitszimmer eingerichtet, meldete sich am Telefon die Familienpflegeschule, die mich bat, das Fach Verhaltenskunde für ihre Damen zu erteilen; denn dieses Fach war neu und personell noch unbeleckt. Ich sagte zu. Dann fragte das Krankenhaus an, ob ich bereit sei, den Pflegeschülern Religion zu erteilen. Ich sagte zu. Langsam kam mir der Verdacht, meine persönlichen Pläne müssten sich gedulden. Doch Geduld ist nicht meine Stärke. So sah ich mich genötigt, das, was man für Ungeduld hält, in kreative Dynamik zu verwandeln. Mir wurde klar, jetzt ist Flexibilität angesagt.

So gab ich vormittags Unterricht, nachmittags kamen Klienten.

Bis zur Priesterweihe sollte es noch 4 Jahre dauern.

DER MANN, DER DIE AURA SEHEN KONNTE

Eines Tages kam ein Orthopäde zu mir, um sich Rat zu holen. Während des Gesprächs quälten mich Rückenschmerzen. Offenbar merkte er es und meinte: „Sie haben Rückenprobleme? Die kann ich Ihnen nehmen." Mit ein paar Griffen setzte er meine Knochen wieder in die richtige Spur. Und das Gespräch konnte fortgesetzt werden. Ich war perplex. „Woher wussten Sie das?"

„Das sehe ich. Ihre Aura hat mir gezeigt, wo das Problem liegt."

„Aura", fragte ich verunsichert, „Sie können so was sehen? Das ist praktisch in Ihrem Beruf."

„Ja. Falls Sie mal Probleme haben, kommen Sie zu mir."

Das war der Beginn einer freundschaftlichen Beziehung mit einem tief gläubigen Arzt, der in der Nähe des Bodensees seine Praxis hatte. Sein Name war Thomas Schüller. Im Lauf der Jahre schickte ich ihm etliche Patienten, die bereits viele orthopädische Praxen durchlaufen hatten, meist ohne bleibenden Erfolg. Thomas Schüller hatte die Gabe der Aurasichtigkeit von Geburt an.

Selbst Kollegen schickten ihm ihre Patienten zwecks Diagnostik. Er sah das Problem, konnte es lokalisieren und behandeln.

Die eigene Aura konnte er nicht sehen. Seine Gabe war nicht immer angenehm für ihn; denn er erkannte auch, ob jemand lügt oder Böses plant. Form, Farbe und Muster der Aura ändern sich je nach Gemütsverfassung und körperlichem Befinden.

Ich wollte einmal die Treffsicherheit seiner Diagnosen testen und suchte ihn auf mit einem Freund, der eine akute Prostataerkrankung hatte. Natürlich wusste Thomas nichts davon. Als er uns an der Haustür empfing, blickte er auf meinen Freund, musterte ihn mit blinzelnden Augen, als würde er ihn scannen, und meinte in seinem rheinischen Dialekt lakonisch: „Is dat dein Freund?“ Und an ihn gerichtet: „Du hast Prostata. Kommt rein!“

Später erkannte er bei mir eine Magenstörung, die ich noch nicht wahrgenommen hatte. Beim Wein sagte er zu mir: „Jörsch, du kriss jetzt mal kein Alkohol, dat tut deinem Magen nisch jut. Isch seh nämlisch, du hast dir en Candida einjefangen.“

Thomas war auch in Marpingen anwesend, wo ich die Phänomene (Marienerscheinungen, siehe späteres Kapitel) prüfen sollte. Als wir durch die wartende Pilgermenge in Richtung Kapelle schritten, raunte er mir zu: „Jörsch, janz links sitzen paar dunkle Typen, die wollen stören. Die haben nix Jutes im Sinn.“ Im selben Moment klingelte mein Handy. Die Polizei bat um Abbruch der Versammlung, weil es eine Bombendrohung gab. Wir haben aber nichts unternommen, es geschah auch nichts.

Thomas beschrieb mir meine Aura: „Deine Kopfaura ist blauviolett und kippt wie eine Feder leicht nach rechts. Violett ist eine spirituelle Farbe, die Neigung zur Seite könnte die Folge eines frühen Unfalls sein.“ Ich war verblüfft. Mein einziger Unfall (bei dem ich bewusstlos gefunden wurde) war mit dem Fahrrad. Dass er meine Aura tatsächlich sehen konnte, wusste ich; denn einige Jahre zuvor hatte ich in Wien einen Professor getroffen, der sie ebenfalls gesehen und so beschrieben hatte.

Leider ist Thomas Schüller bereits verstorben.

Er vermochte sich selbst nicht zu helfen.

AM ZIEL ANGEKOMMEN

Es war der 29. Mai 1994. Ich lag am Boden in der mächtigen barocken Peter-und-Paul-Kirche in Freising zu Füßen von Kardinal Friedrich Wetter. Die Kirche war bis auf den letzten Platz gefüllt. In der Litanei wurden alle Heiligen angerufen; ich lag ausgestreckt da, und die Rippen schmerzten auf dem Marmorboden. Die Tatsache, dass ich der einzige Weihekandidat war, der Anlass gab für diese ergreifende und überwältigende Feier, ließ mich ziemlich klein erscheinen. Ich sah mich als 7-jährigen Bub die Messe lesen, hörte die Worte des Schuldirektors, „er schafft das nicht", spürte meine Mutter, die in der Nähe im Chorgestühl saß und mir nach wiederholtem Sitzenbleiben gesagt hatte: „Du schaffst das, wir haben Zeit." Da erkannte ich:

Gott beruft nicht die Fähigen, er befähigt die Berufenen.

Der liturgische Vollzug der eigentlichen Weihe ging über mich wie eine Wolke. Dann folgte der große Auszug auf den Kirchenplatz. Händeschütteln, Gratulation, Fotoshooting. Erschöpft, aber glücklich, erkannte ich alte und junge Bekannte, die gekommen waren, sogar frühere Schüler und Kollegen. Ich war überwältigt.

Dann kam Thomas Schüller, der in der ersten Bank saß, und fragte mich: „Jörsch, willst de wissen, wer von den Priestern, die dir ihre Hände aufjelescht (aufgelegt) haben, nisch jebetet hat?" –Ich wollte es nicht wissen.

Der Mai als Weihemonat war mein Wunsch gewesen. Das hatte gute Gründe. Der Mai ist der Gottesmutter geweiht. Sie war es, die mich von Anfang an begleitet hat und immer wieder auf mehr oder weniger verschlüsselte Weise zu verstehen gab, dass ich mich ihr weihen solle. Wie das?

Es begann in Medjugorje, wo ich erstmals mit dem Phänomen der Erscheinungen und ihrer Botschaften konfrontiert wurde. Ich bin, was Glaubenspraxis und Beten betrifft, eher nüchtern und mag keine frommen Übertreibungen. Infolge wiederholter „Zufälligkeiten" dämmerte mir, dass sich da ein roter Faden durchzieht. Nach der winterlichen Medjugorje-Reise lag zu Hause auf dem Schreibtisch ein Gebetszettel, der einlud zur Weihe an Maria. Meine Haushaltshilfe fand ihn unter der Fußmatte. Immer wieder lud man mich ein, über marianische Themen zu sprechen. Dann wurde bekannt, dass meine Heimatprimiz nicht in unserer Pfarrkirche, sondern in der neugebauten Marienkirche stattfinden sollte. Das alles erschien mir als Fingerzeig. So tat ich, was mir nicht leicht fiel: mich öffentlich der Gottesmutter weihen. Seitdem „stalkt" sie mich. Immer wieder werde ich gebeten, an Marienwallfahrtsorten zu predigen.

Da war es eine Abwechslung, als der Liedermacher, Bildhauer und Maler Siegfried Fietz mich bat, für den evangelischen Kirchentag in Stuttgart 1999 einen Text zu liefern zum Thema „Salz der Erde". Ich hatte gerade drei Strophen fertig, da kam ein Auftrag, die Marienerscheinungen bzw. die drei Seherinnen im saarländischen Marpingen zu prüfen. Das war keineswegs einfach.

KULTURKAMPF IM SAARLAND

Auch das noch, denke ich und biege von der Autobahn ab in Richtung Marpingen bei Saarlouis. Ich war auf dem Weg nach Bernkastel-Kues, als das Handy läutete und der Filmemacher Hans Schotte mich dringend bat, mir die Vorgänge in Marpingen näher anzuschauen und als Psychologe zu prüfen. Dort sollten drei junge Frauen Marienerscheinungen haben. Ich wusste von nichts.

Eigentlich ist das Sache des Trierer Bischofs. Also rufe ich den Generalvikar Werner Rössel an und bitte ihn, die Geschehnisse in Marpingen prüfen zu lassen, solange sie noch andauern. Er winkt ab. „Na gut", brummle ich vor mich hin, „dann such ich mir einen Neurologen und übernehm das selber."

Damit begann der saarländische Aufstand.

Als Erstes suchte ich die drei Frauen auf und unterzog sie mehreren psychologischen Tests. Während der Erscheinungen wurden sie vom Neurologen Dr. Günter Bogner wiederholt auf Reflexe untersucht; alles wurde von Hans Schotte auf Video festgehalten und später der Untersuchungskommission in Trier vorgelegt. Es gab keinerlei Hinweise auf seelische, geistige oder körperliche Krankheiten. Auch die Botschaften, die sie durch

Maria erhalten haben wollten, waren unbedenklich und mit der katholischen Lehre vereinbar. Alles in allem: Nichts sprach gegen die Echtheit der Vorgänge, obwohl damit nichts gesagt werden kann zur Tatsächlichkeit der Marienerscheinung. Heilungen wurden dokumentiert und archiviert, wobei sich Prof. Alois Heck alle Mühe gab, dies akribisch festzuhalten.

Erstaunlich ist, wie dümmlich, emotional und beleidigend die meisten Zeitungen und TV-Sendungen über die Geschehnisse in Marpingen berichteten. Selbst einige kirchliche Presseblätter waren vom Bazillus arrogantis infiziert. Wenn man vor Ort (im Härtelwald, wo die 13 Erscheinungen stattfanden) das Benehmen einiger Kameraleute sah, konnte man ahnen, was folgen würde. Sie rauchten, machten spöttische Bemerkungen, filmten bewusst jene Menschen, die durch schräge und abgehobene Gebetshaltung auffielen, rissen mir fast die Jacke weg, nur um in der Menschenmenge eine Antwort auf eine banale Frage zu erhalten, die sie dann verdreht wiedergaben.

Mir liegt das Fax eines seriösen Journalisten vor, der sich für das Benehmen seiner Kollegen entschuldigte. Ein Redakteur des Magazins „Share International“ rief mich an und äußerte sich schockiert über die deutsche Presse, „die sogar Pilger zu Witzfiguren macht“. Nicht alle Medienleute waren unverschämt und ungläubig. „Weltbild“ (15/99) brachte einen ausgewogenen und sachlichen Bericht; die „Süddeutsche“ (7./8.8.1999) hielt sich erstaunlicherweise aus dem allgemeinen Gespött heraus; „Focus“ und „Spiegel“ blieben im Rahmen.

Die TV-Sendung „Kontraste“ (ARD), auch die Meldung in ZDF und „Focus-TV“ zeigten einen einseitigen, miserabel recherchierten Bericht. Man muss sich fragen, warum in dieser Sache inkompetente und agnostisch eingestellte Theologen wie Eugen Drewermann („Saarbrücker Zeitung“, 17./18.7.) und der Religionswissenschaftler K. H. Ohlig („Neue Bildpost“, 12.8.) zu Wort kamen. Es wimmelte so von Projektionen, Interpretationen, Unterstellungen und Verdrehungen, dass sogar ein Psychologiestudent im 1. Semester erkannte:

„Entweder haben die wahnsinniges Muffensausen vor der unglaublichen Wirklichkeit oder sie haben wirklichen Unglauben."

In der „RTL-Talkshow" mit Hans Meiser am 18.10. standen sich Gegner und Befürworter gegenüber. Im Saal saßen vorwiegend Gegner. Hans Meiser bemühte sich um Sachlichkeit und Fairness. Er schien mehrfach die positiven Meinungen zu unterstützen, war aber überfordert. Die gegnerische Seite, die sich auf das verseuchte Quellwasser konzentrierte, war emotional aufgebracht und argumentierte mit Unterstellungen: Die Seherinnen seien hypnotisiert und gesteuert, Werkzeuge des sie betreuenden Pfarrers Gressung. Die Erscheinungen fänden gezielt und touristengerecht sonntags statt (Maria wurde fünfmal sonntags, achtmal werktags gesehen). Überhaupt schienen die Botschaften banal. Einige Befürworter überzeugten zu wenig, weil sie in ihrer Unbedarftheit und Naivität zu fromm auftraten. Die Publizistin Gabriele Kuby kam erst am Schluss zu Wort und musste sich ihre treffende Aussage erkämpfen. Insgesamt war die Sendung unbrauchbar; denn Talkshows wollen nicht informieren, sondern erregen. Ich fuhr frustriert heim.

Am aggressivsten arbeitete die „Saarbrücker Zeitung", sodass zu erkennen war, wo die echten Fanatiker saßen. In ihrer Ausgabe vom 18./19.9. äußerten sich elf Leser empört über diesen vorverurteilenden Stil und forderten eine ausgewogen-seriöse Behandlung des sensiblen Themas.

Auch der „Trierische Volksfreund" betrieb keinen seriösen Journalismus. In der Ausgabe vom 19.10. nennt mich Ansgar Zender fälschlich „selbsternannter Exorzist", obgleich dies sowohl in einer Meldung vom Erzbischöflichen Presseamt München als auch von mir in einem Leserbrief klargestellt wurde. Liest Herr Zender sein eigenes Blatt nicht? Es wäre verständlich.

Alfons Sarrach schrieb im „Christ von Morgen" 10/99: „Wer Mystik verspottet, der verfällt dem Mythos", und monierte das Fehlen einer ausgewogenen Medienreaktion. Sehr gut war Michael Fritzens Report in der „FAZ" vom 4.9. Ebenso Thomas Seiterich-Kreuzkamp in „Publik Forum" 18/99. Das war aber alles.

Wir Deutschen neigen nicht zur Sachlichkeit bei unerklärlichen Phänomenen. Wahrscheinlich muss Maria erst einmal Theologie studieren, um in Deutschland erscheinen zu dürfen.

JUGENDFESTIVAL IN MEDJUGORJE

Ein Anruf aus Wien: Man bittet mich, 50 Jugendliche in Medjugorje geistlich zu begleiten, in dem herzegowinischen Wallfahrtsort, wo seit 1983 die Gottesmutter mehreren jungen Menschen erschien. Ein Phänomen, das einige als Täuschungsmanöver ablehnen, während Hunderttausende junger Menschen aus aller Welt sich alljährlich aufmachen, um in der ersten Augustwoche dort fröhliche Gebetstreffen zu veranstalten.

Ich sage zu und fahre mit dem PKW 1.000 km Richtung Süden in die sengende Hitze, um dort die österreichischen Pilger zu treffen. Da ich nicht gern allein reise, nehme ich Tobias Neumann mit, inzwischen Startenor an der Oper München.

Obwohl ich mir schon zigmal vorgenommen habe, diese anstrengende Reise nicht mehr auf mich zu nehmen, ist dies meine neunte Tour. Ich tue mich schwer, Anfragen nach geistlicher Begleitung abzulehnen, zumal die Initiatoren von Pilgerreisen händeringend nach Priestern suchen, die bereit sind, junge Menschen zu begleiten. Außerdem macht die Gelegenheit, dort alte Bekannte und neue Freunde zu treffen, die Mühe wieder wett, wenngleich die Bettengröße immer noch nicht meiner Körperlänge entspricht ...

Da sich mein Kommen herumgesprochen hat, werde ich von Pater Frano Dushaj gebeten, einen Beitrag zum Riesenprogramm des Festivals zu bringen: Ich soll über meine Gotteserfahrungen reden. Und da ich es gewohnt bin, kurzfristig und überraschend vor vielen Menschen zu sprechen, begebe ich mich ins sakrale Getümmel: 14.000 Menschen lauschen nachmittags um 15 Uhr in sengender Hitze meinem improvisierten Vortrag. Was man in überfüllten Räumen als Gedränge bezeichnen würde, stellt sich hier als Atmosphäre dar: Fröhlich singend, Fahnen schwenkend, inbrünstig betend, sehnsüchtig lauschend. Und weil die Sonne auf mich einbrennt, bleibt es nicht aus, dass ich einige Male einen Eimer Wasser über mein erhitztes Haupt ausleere, was sofort das Klicken tausender Kameras auslöst. So stehe ich da, pudelnass und bester Laune, nicht ahnend, dass kurz darauf die Video-Community YouTube diese Szene im Internet verbreitet.

Am Abend sitzen wir im ausgedörrten Gras hinter dem Hotel. Ich nehme mir einen Stuhl, um von den Jugendlichen besser gesehen zu werden, und stehe Rede und Antwort. Sie haben viele Fragen. Da gibt es einen Schlag, die Kirchenglocken klingen kurz und unmotiviert, ich werde wie von Geisterhand vom Stuhl geworfen. Was war das? Dann wieder ein Ruck; jetzt spüren auch andere ein leichtes Beben. Es war eine der häufigen, kurzen Erderschütterúngen, die hier vorkommen. Man stört sich nicht daran und setzt seine Arbeit fort.

Hier in Medjugorje, wo sich alle Einwohner auf Pilger eingestellt haben, wo ein unglaublicher Bauboom im Gang ist und man permanent über rosenkranzbetende, beichtende Menschen stolpert, ist nichts so, wie man es von zu Hause kennt. Ich frage mich, wo all die Jugendlichen in den heimatlichen Kirchen bleiben, die hier so fromm und ungeniert ihren Glauben leben. Was machen wir falsch?

Natürlich lässt sich das Phänomen „Medjugorje" nicht einfach so auf unsere Gemeinden übertragen. Das gelingt auch nicht mit der Spiritualität von Taizé oder Paray-le-Monial. Jeder Ort hat seine eigene Ausstrahlung und Eingebung. Junge Menschen wollen unter sich sein, wollen Gottesdienste mitgestalten und organisieren; sie finden sich nur schwer in unseren heimischen Gottesdiensten wieder. Die Texte, Lieder und meist starren Vollzüge sind keine geistlichen und emotionalen Türöffner. Das soziale Umfeld würde jeden schief anschauen, der da mit dem Rosenkranz in der Hand herkommt oder auf seinem T-Shirt für Jesus wirbt. So bleibt Medjugorje lediglich ein Ort des ganz persönlichen Auftankens und des ungenierten religiösen Austauschs.

Tobias und ich treten nach 4 Tagen die Heimreise an, erfüllt von guten Begegnungen und gefüllt mit vielen Erinnerungen. Da macht es nichts aus, dass ich 100 Euro Strafe bezahlen muss, weil ich einem Stau aus dem Weg gehen wollte und auf der rechten Seitenspur an den stehenden Autos vorbeirauschte, direkt in die Arme der kroatischen Polizei.

Der Heimweg ist mörderisch. Irgendwo bei Kracac bremst uns eine zweite Polizeipatrouille aus.Sie behauptet, ich sei zu schnell gefahren, und fordert eine Geldbuße. Mein Bauchgefühl sagt mir, hier sind Ganoven tätig. Da sie ihre Behauptung nicht belegen konnten, verweigerte ich die Zahlung und verlangte ihre Dienstmarken, um diese zu fotografieren. Sie wollten es diesmal bei einer Mahnung belassen, meinte nun einer der beiden, und wünschte uns gute Fahrt. Na also!

HEILENDE GEMEINSCHAFT

1995. Ein neues Therapiekonzept war überfällig: eine ein- bis dreiwöchige stationäre Begleitung heilungssuchender Menschen, die finden sollten, was ihnen keine Klinik oder Arztpraxis bot. Neben der therapeutischen Bearbeitung von Depressionen, Ängsten, Sinnkrisen, psychosomatischen Störungen, Beziehungsproblemen und Schuldkomplexen ging es auch um die Versöhnung mit den Tätern, die Vergebung alter Verletzungen und eine Korrektur des oft falschen, angstbesetzten Gottesbildes.

Es schien mir notwendig, mit Methodenvielfalt heranzugehen, da nur je eine kurze Zeit verfügbar war; die üblichen Einzelsitzungen mit Reden zu verbringen führte nicht zum Ziel. So war es erforderlich, ein Team mehrfach ausgebildeter Therapeuten zu finden, deren Methoden sich ergänzen und die ein gemeinsames christliches Welt- und Menschenbild haben. Es fand sich ein Team mehrerer Kollegen und Kolleginnen, das bis heute mit Begeisterung unterschiedliche Interventionen einsetzt: Gruppensitzungen, die in Rollenspielen und Interaktionen an die Probleme herangehen, Einzelsitzungen, systemische Aufdeckungen, Massagen, Bibliodrama, Körper- und Atemübungen,

Entspannungen, künstlerische Gestaltungen mit verschiedenen Materialien, Glaubensimpulse, Gottesdienste und ein abschließender bunter Abend, von den Teilnehmern selbst gestaltet.

Bislang haben über 1.000 Personen die Heilende Gemeinschaft erlebt; aus 14 Ländern kamen sie, darunter ein orthodoxer Mönch aus Bulgarien, eine Dominikanerin aus Südafrika, ein Pilot aus Kanada, eine Muslima aus Frankfurt, Schauspieler, Priester, Richter, Hausfrauen, Schüler, Studenten, Gäste aus allen Schichten und Berufssparten. Man kann sagen, dass von 20 Teilnehmern 2 unverändert bleiben, 4 weitere Begleitung brauchen (die wir gern vermitteln) und 14 geheilt oder stabil nach Hause fahren. Die häufigsten Gründe, die Gäste im Anmeldebogen nennen, sind Burnout, Depressionen, psychosomatische Krankheiten, Partnerschaftsprobleme und frühkindliche Traumata, darunter Missbrauch, sowie religiöse Probleme.

Ich erinnere mich an einen jungen Mann, der korrekt gekleidet und wie mit dem Lineal gescheitelt war. Er wirkte steif, sprach leise ohne Blickkontakt, lebte noch bei seinen Eltern, war einsam. In der Gruppe fand er nicht richtig Kontakt. Da tat ich etwas, was man mir aus psychologischer Sicht angekreidet hätte: Ich sagte ihm in der Großgruppe, er solle seine Haare durcheinanderbringen, das Hemd über die Hose ziehen, sich einen farbigen Streifen in die Haare machen und laut protestieren. Meine Empfehlung war scherzhaft gemeint. Doch was geschah? Am anderen Morgen trat ein völlig veränderter Mensch in die Gruppe: Er war beim Friseur gewesen und hatte sich in sein dunkles Haar blonde Strähnen färben lassen. Außerdem war er nicht mehr streng gescheitelt, trug ein Jeanshemd über der Hose und stand da wie ein junger Gott. Die Leute klatschten. Besonders die Damen fanden es „geil".

Unser Student war wie verändert; seine Stimme klang kräftiger. Offenbar hatte ich seine blockierte Lebensenergie angerührt. 4 Wochen nach der Heilenden Gemeinschaft teilte er uns in einem Brief mit, er sei zu Hause ausgezogen, da er eine Freundin gefunden habe. Wäre Therapie nur immer so einfach!

Ein besonders eklatanter Fall war eine 60-jährige Dame aus Frankreich, die von Bruder und Großvater jahrelang sexuell missbraucht worden war. Ihre Mimik war versteinert, ihr Körper gepanzert, der Zugang zu den Gefühlen versperrt. Wir fragten uns, ob wir in dieser kurzen Zeitspanne überhaupt etwas bewirken könnten. Da hatten wir einen Einfall: Wir gaben ihr die Scherben einer länglichen Tonvase, nahmen jedoch eine beliebige Scherbe weg und baten sie, die Vase zusammenzukleben. Sie solle die Vase beschriften, nach Gutdünken verzieren und am Ende der Therapie in die Gruppe mitbringen.

Im Lauf der nächsten Tage zeigte sie sich etwas offener; wir beobachteten ihre Veränderung mit kritischem, bisweilen ungläubigem Blick. Wird das was? Da geschah am vorletzten Tag ein Wunder: Sie trat mit der Vase in der Hand in den Saal, in dem bereits alle Teilnehmer saßen. Sie lächelte und zeigte ihr repariertes Werk, an dem eine Scherbe fehlte, genau dort, wo man die Vagina annehmen konnte, wenn die Vase ihren Körper darstellte. Sie hatte sie verziert. Um das Loch herum hatte sie geschrieben: *„Ihr habt mich zerstört, meine Seele geraubt."* Etwas höher stand: *„Ich will mein Leben leben und die Vergangenheit verabschieden."* Abschließend am oberen Rand: *„Ich vergebe euch."* Eine Rose steckte in der Vase.

Manche kämpften gegen ihre Tränen an. Die Patientin lächelte. Auch wir Therapeuten waren ergriffen von der Verwandlung. Es war die Idee mit der unvollständigen Vase, dem Symbol ihres versehrten Körpers. Das lernt man nicht in der Ausbildung.

Wir werden oft angefragt von Psychologiestudenten, aber auch von Medizinern und Theologen, ob sie als Beobachter (Hospitant) dabei sein dürfen. Sie möchten sehen und erleben, wie christlich orientierte Therapie geht und was uns von anderen Kliniken unterscheidet. Dafür sind zwei Plätze verfügbar.

Die Erfolgsquote gibt unserem Modell Recht: Auf Fragebögen, die nach einem Jahr verschickt werden, erfahren wir gute Feedbacks. Ärgerlich ist nur, dass die Krankenkassen die Kosten in der Regel nicht übernehmen.

BEGEGNUNG MIT DEM „KANNIBALEN VON ROTENBURG"

Eines Tages wurde ich gebeten, den Häftling Armin Meiwes in der Justizvollzugsanstalt Kassel aufzusuchen. Ich weiß nicht mehr, wer von der sozialen oder psychologischen Abteilung mich bat, mit ihm zu sprechen und zu beten, was mich wunderte. Es gab ja einen Gefängnisseelsorger. Es ging um Versöhnung, Schuld und wie er damit umgehen will. Ich war zunächst überrascht von diesem eigenartigen Ansinnen; aufgrund meiner Publikationen über Schuld und Vergebung kam man auf mich.

Die Begegnung sollte fürs Fernsehen aufgenommen werden.

Ich fuhr also nach Kassel und kämpfte mich durch die bürokratischen Hürden, bis ich schließlich nach fast 90 Minuten Wartezeit einem Mann gegenübertrat, der wegen Mordes sowie Störung der Totenruhe verurteilt und als „Kannibale von Rotenburg" bekannt war, weil er Teile der Leiche seines Opfers gegessen hatte.

Ich hatte mich natürlich vorbereitet auf diese Begegnung und seine Vita angeschaut. Im Alter von ungefähr 12 entwickelte er die ersten kannibalistischen Fantasien. Nach dem Tod seiner Mutter 1999 suchte er über das Internet per Kontaktanzeige Menschen, die bereit waren, sich als Kannibalismusopfer zur Verfügung zu stellen. Er, der Computertechniker, lernte so den damals 43-jährigen Diplom-Ingenieur Bernd Jürgen Brandes kennen, der bei Siemens in Berlin angestellt war und schon früh den Wunsch nach Verstümmelung hatte.

Brandes wollte die Abtrennung seines Penis, und Meiwes versprach ihm den Verzehr seines Geschlechtsteils, auch die Tötung. Nach Abtrennung des Penis mit einem Messer durch Meiwes ließ sich Brandes mehrere Stunden ausbluten. Spätestens mit einem Stich in den Hals beendete Meiwes dessen Leben. Danach zerlegte er die Leiche und fror Fleisch zum späteren Verzehr ein. Größtenteils dokumentierte er die Vorgänge filmisch.

2002 wurde er verhaftet. Auf seine Spur kam die Polizei durch den Hinweis eines Studenten, der auf eine Kontaktanzeige von

Meiwes aufmerksam geworden war. 1 Jahr später wurde er vor dem Landgericht Kassel des Mordes angeklagt.

Der Mann machte auf mich einen ruhigen, aber leeren Eindruck. Offenkundig war sein großes Geltungsbedürfnis, und dass er keinerlei Schuldbewusstsein aufwies. Er fühlte sich in seiner Position bestätigt, nichts Falsches getan zu haben.

Während des Gesprächs, das immer wieder unterbrochen wurde vom Fernsehteam, fühlte ich eine Wand zwischen mir und Meiwes. Es gelang mir nicht, in sein Inneres vorzudringen; er blieb unnahbar, mehr tot als lebendig. Auch beim frei formulierten Gebet rührte sich nichts. Ich hielt die ganze Aktion für nicht besonders ergiebig und war froh, nach 1 Stunde zwischen Kabelschläuchen, grellen Scheinwerfern und wuseligen Kameraleuten den Heinmeg antreten zu können. – Noch lange beschäftigte mich die Frage nach dem Grund dieser Begegnung. Sie ist übrigens nicht ausgestrahlt worden. Das war gut so.

JESUS BITTET DEN TECHNIKER, DAS MIKRO EINZUSCHALTEN

Evangelischer Kirchentag in Stuttgart. Thema: „Salz der Erde". Siegfried Fietz bat mich, dazu einen Songtext zu schreiben. Kurz darauf wurde ich eingeladen, einen Dialog aus meinem Buch „Don Camillo spricht mit Jesus" aufzuführen. Ich entschloss mich jedoch, einen völlig neuen Text zu schreiben und ihn mit meinem Jesus-Darsteller Florian Spinner durchzugehen. Florian ist bei der Bundespolizei tätig und hat mich jahrelang ebenso als Chauffeur wie als Jesus-Sprecher begleitet. Ideale Besetzung.

Wir stehen also auf der Bühne, d.h. ich allein im Ordensgewand der Pallottiner; denn Jesus hat sich versteckt hinter einer Kulisse. Er ist nur hörbar.

Ich beginne mit einem Satz, der testen soll, ob das Publikum Humor hat und lacht; das ist nicht immer der Fall.

„Herr, ich war in deinem heiligen Land und bin mit dem Boot über den See Genezareth gefahren. Der Fährmann verlangte 80 Schekel dafür. Stell dir vor: 80 Schekel! Was sagst du dazu?"

„Camillo, das ist nicht irgendein See; schließlich bin ich auf ihm zu Fuß gewandelt."

„Kein Wunder. Bei den Preisen!"

Im Saal war es still. Da bemerkte ich, dass das Mikro gar nicht eingeschaltet war. Ich schaute verzweifelt auf den Technikraum und machte mit der Hand ein Zeichen.

Doch es rührte sich nichts. Dann sagte ich zu Jesus:

„Herr, sprich bitte lauter, die Menschen verstehen dich nicht."

Jesus wiederholte seinen Satz.

Doch der Lautsprecher blieb tot. Hinter der Glasscheibe der Technikkabine sah ich niemand. Wo war der Techniker?

Ich bat zum wiederholten Mal Jesus, laut zu sprechen; doch der erwiderte: „Sag es dem Techniker! Ich glaube, er ist Kaffee trinken." Gelächter in den ersten Reihen. Dann tauchte er auf.

Der Dialog wurde mit viel Applaus und Lachen beendet.

Das war in der Schweiz anders. Niemand zeigte nach diesem „Test" eine Reaktion. Ich setzte den Dialog gelassen fort und hoffte auf ein bescheidenes Lachen nach Pointe Nr. 2:

„Herr, du mutest mir viel zu."

„Ja, Camillo, wen ich liebe, dem mute ich viel zu."

„Ach Herr, kannst du ich mich nicht etwas weniger lieben?"

Keine Miene verzog sich. So ging das fast während des gesamten Dialogs. Ich war wie gelähmt. Es gibt nichts Peinlicheres als ein stummes Publikum, das Scherze oder Pointen nicht mit Gelächter quittiert. – Abschließend sagte ich zu Jesus:

„Herr, die Menschen lachen nicht. Was soll ich tun?"

Florian alias Jesus reagierte schlagfertig auf diese unvorhergesehene Frage: „Bei manchen brauchst du Geduld. Sie benötigen etwas länger. Sie prüfen erst die Pointe. Schließlich bist du in der Schweiz." – Schallendes Gelächter.

DAS WUNDER AUF DER AUTOBAHN

Pfingstmontag 2015. Ich fuhr in Höhe Ingolstadt auf der linken Überholspur der dreispurigen A 9 mit Tempo 120; es regnete in Strömen und der Verkehr war extrem dicht. Plötzlich gab es einen lauten Knall, mein Wagen drehte sich zweimal um die Achse, rutschte über alle drei Fahrspuren, die herausgeschossenen Airbags behinderten meine Sicht und mir wurde klar, dies würde ein Crash von ungeheurem Ausmaß. Ich zog meinen Kopf ein und legte mich quer in Erwartung des Schlimmsten. Ich hörte mich „Jesus hilf!“ sagen. Der Wagen kam mit einem Ruck zum Stehen. Ich wartete, nichts geschah. Dann stieg ich aus und sah den Verkehr an mir vorbeischießen, als wäre nichts gewesen. Mein Wagen stand in Fahrtrichtung in einer Haltebucht. Wie das?

Dann kam der Verursacher des Unfalls auf mich zu; sein demolierter Wagen stand hinter meinem. Ein junger Türke, der zu früh ausgeschert und auf meine rechte Heckseite geknallt war. Wir waren beide unverletzt. Die Polizei kam und meinte nach Prüfung der Sachlage, wir hätten gute Schutzengel gehabt. Dass beide Autos sauber und geschützt in einer Haltebucht zum Stehen kamen, war ihnen unerklärlich.

Es gelang mir noch, mit dem Auto und Tempo 50 zur nächsten Tankstelle zu kriechen und den ADAC zu rufen.

Da ich solche Situationen schon mehrfach erlebt habe, bin ich gefasst. Wer 40.000 km im Jahr zurücklegt, muss mit allem rechnen. Deshalb lege ich vor Antritt meiner Reisen immer mein Testament und meine Patientenverfügung auf den Schreibtisch.

ANFRAGEN AUS DEM AUSLAND

Das Freisinger Modell sprach sich schnell herum. Es gab großes Interesse im In- und Ausland, diese Art biblisch orientierter, stationärer Therapie nachzuahmen. So folgten Einladungen nach Den Haag, wo die Telefonseelsorge eine Veranstaltung initiierte; es gab wiederholte Präsentationen auf Ärztekongressen in Deutschland, bei internationalen Therapieforen in Wien, bei nationalen und regionalen Fortbildungsseminaren in Belgien sowie in der Schweiz. Selbst die Ärzteschaft eines Moskauer Klinikums und die Universität in Minsk (Belarus) luden mich ein, eine mehrtägige Veranstaltung anzubieten. Im weiteren Verlauf kamen Anfragen aus Budapest, Bukarest und Liechtenstein.

Die Organisation meiner Reisen nach Moskau und Bukarest besorgte Frau Eugenie Röhrig, eine tatkräftige Deutsch-Russin bessarabischer Herkunft, die in Deutschland lebt und einige meiner Bücher ins Russische und Rumänische übersetzt hat.

Moskau

Etwa 100 Ärzte und Therapeuten saßen im Nebenraum der orthodoxen Kirche Sankt Cosmas und Damian in der Nähe des Roten Platzes. Dass ich als katholischer Priester in diesem orthodoxen Ambiente sprechen durfte, war eine Folge der Perestroika unter Gorbatschow. Frau Röhrig dolmetschte meine Vorträge. Wer mein Sprechtempo und meine vielen Wortspiele kennt, weiß um die Leistung eines Übersetzers. Ich musste also Wortspiele sowie Aphorismen vermeiden und häppchenweise sprechen. Das war für mich nicht einfach.

Am Ende meiner Ausführungen folgte eine Fragestunde. Dann bat mich plötzlich die Stationsärztin der psychiatrischen Abteilung: „Bitte sprechen Sie noch ein Gebet für jeden von uns."

Ich entgegnete: „Das dauert aber lange bei so vielen Leuten."

„Das macht nichts. Wir haben Zeit. Legen Sie uns bitte die Hände auf und sprechen ein Gebet."

Ich war überrascht von diesem Anliegen und fügte mich. So traten die Besucher, darunter auch nichtärztliche Gäste und Studenten, einzeln an mich heran. Frau Röhrig übersetzte ihre Gebetswünsche. Es waren zumeist Bitten um seelische und körperliche Heilung, einmal die Bitte einer verzweifelten Mutter um Heilung ihres drogensüchtigen Sohnes. Ich legte ihnen die Hände auf und tat mein Bestes. Auch die Stationsärztin kam. Jetzt erst sah ich ihre rechte, zitternde Hand: Parkinson seit Jahren. Ich glaubte nicht an eine Heilung, betete aber aus Höflichkeit darum. Da geschah es: Das Zittern hörte auf.

Mein Verdacht, es wäre ein kurzfristiger Placebo-Effekt, bestätigte sich leider. Wie mir Frau Röhrig später mitteilte, kam die Krankheit zurück. Zunächst jedoch machte das Gerücht von einer Heilung die Runde und führte zu weiteren Bitten um Heilungsgebete. Auch der Abt eines weit entfernten Klosters bat um meinen Besuch. Da die Zeit zur Rückreise drängte, sagte ich ab. Ich wollte keinen Ruf als Heiler. So fuhr ich ins Hotel zurück und warf mich todmüde auf das zu kurze Bett.

Wo immer ich in Moskau weilte, wen ich immer ich sprechen konnte, die Menschen waren stets gläubig, zeigten mir stolz ihre alten Ikonen, baten mich immer wieder um Segen.

Zu den Vorträgen kamen auch orthodoxe Priester und Mönche in ihren wallenden, schwarzen Gewändern. Sie zeigten großes Interesse an meinen Ausführungen; einige hatten meine Bücher in Russisch gelesen. Ich war beeindruckt von der Offenheit und Schlichtheit dieser Menschen.

Mehrmals kamen wir auch an jener U-Bahn-Stelle vorbei, wo kurz zuvor ein Bombenattentat viele Passanten getötet hatte. Unzählige Kerzen brannten, Blumen schmückten die Stelle und auffallend viele junge Russen standen im Gebet versunken.

Minsk

Bald darauf besuchten mich zwei Herren: Grigory Dovgyuallo, Kanzler der Theologischen Fakultät der Europäischen Menschenrechtsuniversität von Minsk, und ein Kollege. Sie hatten ebenfalls von der Heilenden Gemeinschaft gehört und luden mich ein, an der Universität in Minsk zu sprechen, je 1 Tag vor den Theologen, Medizinern und Psychologen. Es sollten auch praktische Übungen angewandt werden, z.B. Dialoge und Rollenspiele, die in unserer Therapie eingesetzt werden.

Da ich ungern allein reise, bat ich Dietmar Böttcher, einen guten Bekannten, mit zu fliegen. Er spricht Russisch, ist Psychologe und Theologe. Er betreute damals schwer erziehbare Jugendliche am Schwarzen Meer und war auf Urlaub in Münster.

Der kleine Hörsaal war überfüllt, das Interesse enorm. Ich bemerkte, dass viele Hörer und Hörerinnen an allen Tagen erschienen, das Programm also dreimal verfolgten.

Über das Seminar hinaus kam es zu langen Diskussionen und kritischen Fragen: „Wie reagieren Ihre Klienten, wenn Sie deren Gottesbild infrage stellen und korrigieren?" – „Gibt es Übungen oder bestimmte therapeutische Interaktionen?" – „Wie groß sind die Erfolge?" usw.

Der Nuntius von Belarus, Dominik Hrusovsky, sowie der Metropolit von Minsk und Slutsk, Philaret, luden uns zu sich ein. Während der Nuntius eine eher bescheidene Wohnung hatte, zeigte uns der orthodoxe Bischof eine mehrstöckige Villa, ausgestattet mit schönen und kostbaren Ikonen. Wir waren beeindruckt von der Gastfreundschaft, vor allem davon, dass sich beide nahezu 2 Stunden unserem Besuch widmeten.

Als ich den großen, heruntergekommenen Hörsaal der Psychiatrie betrat, saßen etwa 40 weißgekleidete Männer und Frauen vor mir, angetan mit weißen Kopfbedeckungen, die Kochmützen glichen. Es ist die Berufskleidung der Psychiater. Bei meinem Vortrag wirkten alle wach und interessiert. Es gab auch kritische Fragen wie: „Wer setzt fest, welche Gottesvorstellung die richtige ist?" Und ob es Unterschiede gibt in der Behandlung orthodoxer, katholischer oder evangelischer Christen.

Ein Arzt, der mir die Räumlichkeiten des großen, deprimierenden Gebäudes zeigte, flüsterte mir zu, dass hier bis vor Kurzem politische Gegner arretiert und „behandelt" wurden. Es war bedrückend. Die Ausstattung der Labore, Untersuchungszimmer, Patientenabteilung und Kinderstation war unzureichend und alt.

Wir besuchten die nationale staatliche Gedenkstätte „Chatyn" der Republik Belarus; sie liegt etwa 60 km nördlich von Minsk. Es ist die zentrale Kriegsgedenkstätte Weißrusslands, in der an alle Opfer der stalinistischen Zeit erinnert wird. Besonders an die verbrannten Dörfer. Der Ort Chatyn, an dessen Stelle die Gedenkstätte entstanden ist, wurde am 22. März 1942 mit fast allen Bewohnerinnen und Bewohnern niedergebrannt.

Bukarest

Frau Röhrig war wieder rührig: Sie organisierte eine Reise nach Bucuresti, der rumänischen Hauptstadt. Diesmal flog ich allein, da sich kurzfristig niemand fand, der mitkommen konnte.

Ich fliege nicht gern, fühle mich ausgeliefert und ohnmächtig. Aber die rumänische Maschine war fast leer. So kam ich mit dem jungen Steward ins Gespräch. Wir setzten uns in die Businessabteilung und unterhielten uns auf Englisch.

Die Unterkunft war in einem maroden Hotel über McDonald's, dem einzigen Restaurant weit und breit. Der Blick vom Fenster fiel auf Ruinen und graue, zerfallene Hauswände, ein Erbe des Ceaușescu-Regimes. Farbige Hochglanzplakate kündigten meinen Vortrag in der Stephanus-Buchhandlung an. Es kamen nicht viele. Umso intensiver waren die Gespräche hinterher. Man wurde privat; es gab Limonade, Gebäck, belegte Brote.

Abends war ein Fest bei Mircea Dinescu, einem bekannten Dichter und Zeitungsherausgeber, der unter Ceaușescu einige Jahre Hausarrest hatte. Er kochte selbst. Einige Honorationen der Stadt waren anwesend, auch der Pianist Cristian Niculescu, der in Berlin lebt. Ich kann nicht alle Namen erinnern, glaube aber, die Literaturprofessorin Lorginowskaja war da.

Natürlich wurde ich gebeten, Zaubertricks zu zeigen. Ich war darauf vorbereitet, weil meine Dolmetscherin dieses Anliegen früh vorgebracht hatte. Es war ein fröhlicher Abend. Man spürte die neue Freiheit der Rumänen. Mir fiel auf, dass die älteren Menschen auf den Straßen immer noch leise sprachen und sich umschauten; ein Relikt der Spitzelzeiten des alten Regimes.

Der Abschluss meiner Reise war die Eucharistiefeier in einer katholischen Gemeinde und ein anschließender Vortrag in der calvinistisch-ungarischen Gemeinde. Erwähnt werden sollte noch, dass meine rumänischen Bücher auch im Internet zu lesen sind, damit sie Menschen zugänglich werden, die sich nicht den Preis von 2 Euro pro Buch leisten können.

Budapest

Eines Tages rief mich Otto Fierer an, ein junger Ungar. Er bat mich, nach Budapest zu kommen, um dort ein Seminar für die Gemeinde abzuhalten und einen Segnungsgottesdienst zu leiten. Man kenne dort meine Bücher in ungarischer Übersetzung und wolle mehr erfahren über die Heilende Gemeinschaft sowie meine Tätigkeit als priesterlicher Therapeut. Ich sagte zu.

Christoph Mainz, ehemaliger Ministrant unseres Pallotti-Hauses und gerade in den Münchener Polizeidienst eingetreten, chauffierte mich, da ich diesmal nicht fliegen wollte. Er hatte mich auch nach Moskau begleitet.

Etwa 600 Menschen hatten sich in einer modernen, hellen Rundkirche am Stadtrand eingefunden. Als wir eintrafen, hatten sie sich warm gesungen und machten eine Pause mit Zwischenmahlzeit. Danach begann mein erster Vortrag, den zwei Dolmetscher abwechselnd übersetzten, wobei es vorkam, dass Leute aus dem Publikum sie korrigierten. Das löste eine heitere Atmosphäre aus mit Gelächter und Applaus.

Im folgenden Gottesdienst füllte sich die Kirche bis zum letzten Platz. Andere Besucher kamen hinzu, die davon gehört hatten und auch ihren Segen wollten. Sie erwarteten, dass ich gemeinsam mit Pater Ivan und dem Pfarrer der Kirche jeden Einzelnen handauflegend segne; ein schweißtreibendes Unterfangen, das mir nach 2 Stunden brennende Füße bescherte.

Viele Jugendliche kamen. Nicht nur aus Budapest, sogar aus Slowenien. Ich erinnere mich, wie ein junger Mann, etwa 20 Jahre alt, vor mich trat. Ich spürte, er wollte Priester werden, und sagte zu ihm, bevor er den Mund auftat: „Du willst Priester werden!“ Er schaute mich an, als hätte er eine Erscheinung. „Ja, beten Sie für mich, dass meine Eltern es möglich machen.“

Mein Dolmetscher erklärte mir, dass seine Familie dagegen sei und ihm sein Vater mit Rausschmiss drohe.

Ich betete intensiv über ihm und wagte die Aussage:

„Du wirst es schaffen!“ Strahlend ging er weg.

1 Jahr später, als ich abermals nach Budapest eingeladen worden war, traf ich ihn wieder. Er war inzwischen ins Priesterseminar eingetreten, nachdem die Franziskaner bei seinem Vater vorgesprochen hatten.

Es kamen etliche Schwerkranke, Behinderte und einige, die vorgaben, verflucht zu sein. Ich hatte inzwischen etwas Erfahrung im Umgang mit diesen Problemen und wusste, dass die Betroffenen in ihrer Hilflosigkeit die Symptome oft falsch deuten, bestärkt durch fromme Menschen, die schnell von Besessenheit oder Verfluchung sprechen. Dennoch spürte ich bei solchen Aussagen meine eigene Hilflosigkeit und hatte 100 Fragen dazu, die mir keiner beantwortete.

Kaum hatte ich das Gebet beendet, fiel eine Frau, die in der Reihe stand, zu Boden, schrie wie am Spieß und schlug wild um sich. Die Helfer wollten sie beruhigen; ein anwesender Arzt eilte herbei. Mein Dolmetscher flüsterte mir zu, sie sei psychotisch und stadtbekannt. Sie trugen sie in die Sakristei, wo ich sie später in ruhigem Zustand antraf. Sie hatte eigenmächtig die Medikamente abgesetzt und einen Rückfall provoziert.

Manchmal rate ich einem Menschen, seine Medikamente zu nehmen und die Therapie beim Arzt nicht abzubrechen im Glauben, Gott allein genüge. Denn Gott bedient sich auch der Ärzte.

Paray-le-Monial

Unweit von Taizé und Lyon liegt der burgundische Ort Paray-le-Monial mit seiner Basilika Sacre Coeur und der Grabstätte der heiligen Nonne Marguerite Marie Alacoque. Der Ort ist Hauptsitz der katholischen Bewegung Emmanuel. Hier versammeln sich alljährlich Tausende Jugendliche aus aller Welt, ähnlich wie in Taizé. In Zirkuszelten werden Gottesdienste gefeiert, Seminare durchgeführt und Lichterprozessionen abgehalten. 1 Woche ist der Ort Zentrum französischer Spiritualität, mit eigenen vierstimmigen Gesängen, die an orthodoxe Melodien erinnern.

Irgendwann erhielt ich einen Brief von einem mir unbekannten Mann. Er fragte, ob ich bereit sei, für Deutsch sprechende Priester und Katecheten am Rand der großen Sommerveranstaltung in Paray einen Vortrag zu halten über: „Die Unterscheidung zwischen okkulten und seelischen Erkrankungen. Pastoraler Umgang mit Menschen, die meinen, dämonisch belastet zu sein." Ich war nicht begeistert, zumal das Thema heikel ist und ich mir Besseres vorstellen konnte. Aber offenbar war die Not der Mitbrüder groß und ihre Hilflosigkeit meiner ähnlich. Der Schreiber fügte an, der Pariser Kardinal Lustiger bitte mich, dies zu übernehmen. Der Kardinal sei vor Ort und lade mich anschließend zum Mittagessen im Maison des Chapelets (Haus der Kapläne) hinter der Kathedrale von Paray-le-Monial ein.

Also fügte ich mich der Bitte, bereit, mich unsterblich zu blamieren. Inzwischen habe ich genug erfahren dürfen, dass Blamagen die Demut fördern können.

Es lief besser als gedacht. Die Mitbrüder waren mir gewogen und dankbar für meine Ausführungen. Auch beim Essen mit dem Kardinal und zehn anderen Priestern fühlte ich mich gut. Der Kardinal, der mir gegenüber saß, sprach fließend Deutsch; dass er Jude und konvertiert war, wusste ich. Doch war die Arbeit noch nicht zu Ende. Draußen standen deutsche und französische Pilger, die mich sprechen wollten; bei 32 Grad im Schatten.

Weitere Anfragen kamen aus Mallorca, Wien und natürlich bis heute aus vielen deutschen Gemeinden. Es gab auch eine Ausladung: Ein Vortrag am Bodensee wurde abgesagt, weil ich – wie in der Zeitung stand – für die Zulassung Geschiedener zur Kommunion plädierte und für die Freistellung des Zölibats.

EIN TOTER GRAF SOUFFLIERT

Mit gemischten Gefühlen öffne ich den Brief mit schwarzem Rand. Wer ist gestorben, frage ich mich.

„Nach kurzer Krankheit verstarb heute Gottfried Graf von Degenfeld-Schonburg.“ Ich atme tief durch. Der Graf ist tot, der gute Graf! Meine Begegnungen mit ihm laufen blitzschnell vor meinem Auge ab, die vielen Gespräche im Schloss, sein lebendiges Interesse an vielen Themen, seine natürliche, heitere Art im Umgang mit den Querelen des Lebens.

An seiner Beerdigung wollte ich natürlich teilnehmen.

Als ich bei schönem Wetter im Schlosshof ankam, saßen schon einige Hundert Gäste auf den Bänken; ein Altartisch war aufgebaut. Der Sarg wurde aus der kleinen Hauskapelle herausgetragen und neben dem Altar aufgebahrt.

Einige Priester zogen sich zur Messfeier um. Auch ich reihte mich in die Schar der Zelebranten. Die Gäste waren hell gekleidet, bunt. Es war der Wunsch des Grafen, sein Begräbnis als Geburtstag für den Himmel zu feiern und fröhlich zu sein. Selbst das Wetter stimmte: weißblauer, strahlender Himmel.

5 Minuten vor Beginn der Eucharistiefeier kommt der Pfarrer zu mir mit der Bitte, die Predigt zu übernehmen. Ich sage, dass ich keineswegs vorbereitet sei und nicht wisse, was ich predigen solle. Er beharrt auf seinem Anliegen; offenbar ist er zu angespannt und dazu nicht imstande.

O je, denke ich, was mache ich jetzt? Was soll ich sagen? Welches Evangelium haben wir heute?

Ich bekam von der Messe nichts mit. Die kurze Zeit bis zur Predigt nutzte ich, ein paar Gedanken zu sammeln und dabei den verstorbenen Grafen zu bitten, mir zu helfen.

„Lieber Graf", murmelte ich, „du musst mir helfen, die richtigen Worte zu finden. Entweder blamiere ich mich unsterblich oder es wird eine gute Ansprache. Sei mein Souffleur."

So waren meine Gedanken. Den Heiligen Geist hab ich auch noch schnell gerufen. Ich wollte ihn nicht verprellen.

Dann stand ich am Mikrofon vor den Honoratioren, direkt am Sarg, konzept-, aber nicht mutlos, und begann meine Predigt. Sie hat wohl 10 Minuten gedauert. Danach wusste ich kaum, was ich gesagt hatte. Ich wusste nur: Sie war gut.

Als wir in großer Prozession den Grafen zu Grabe getragen hatten und zum Schloss zurückkehrten, gab es einen Imbiss sowie regen Austauch zwischen allen bekannten und unbekannten Gästen. Da trat eine Gräfin auf mich zu, deren Name mir entfallen ist, und sagte sichtlich ergriffen:

„Herr Pater, ich muss Ihnen etwas anvertrauen, ob Sie es glauben oder nicht. Aber es war so deutlich und klar, dass es nicht die geringsten Zweifel gibt: Während Ihrer Predigt habe ich den Grafen neben Ihnen stehen sehen. Es schien, als ob er Ihnen etwas zuflüstere. Bitte, lieber Pater Müller, kann ich die Predigt haben? Können Sie mir eine Kopie machen?"

„Was Sie sagen, Gräfin, glaube ich Ihnen aufs Wort. Ich hatte auch das Gefühl, dass er neben mir stand. Ich bin sicher, ohne seine Hilfe hätte ich nichts Gescheites herausgebracht. Aber ich sprach frei, ohne Konzept. Es gibt kein Manuskript."

Kurz darauf erzählte ich die Begebenheit der gräflichen Familie von Degenfeld, die ebenfalls von diesem Vorgang überzeugt war. Auf Bitten der Witwe habe ich meine Predigt aus dem Gedächtnis protokolliert und ihr zugeschickt.

Es gibt Dinge zwischen Himmel und Erde, die wir uns nicht einmal in unserer Schulweisheit erträumen, meinte Shakespeare.

HOCHZEIT MIT FATALEN FOLGEN

Es war ein sommerlicher Nachmittag. Die Wiese in der Nähe eines Bauerngehöfts bei Glonn, östlich von München, wurde frisch gemäht. Dort sollte ich die Trauung eines jungen Münchener Paares vornehmen. Illustre Gäste, strahlender Himmel und traumhaftes Ambiente begrüßten mich; die letzten Vorbereitungen wurden getroffen.

Es war ausdrücklicher Wunsch des Paares, ihre Hochzeit in dieser Natur zu feiern. Die Genehmigung für eine solche Ausnahme wurde noch rechtzeitig eingeholt, was angesichts bürokratischer Hürden preisverdächtig war. (Ich gebe zu, mit etwas Druck nachgeholfen zu haben.)

Alles lief bestens. Doch dann blieb mir die Luft weg. Aha, ging es mir durch den Kopf, kommt mein längst vergessenes Asthma zurück? Ich stand mitten in einer pollenreichen Wiese, die mir jetzt zum Verhängnis wurde. Mit letzter Kraft sang ich ein Lied zur Gitarrenbegleitung und brachte die Feier zu Ende, ohne dass jemand meine Misere bemerkt hatte.

Ich musste mich vorzeitig verabschieden und fuhr heim. Als ich die Treppe zu meinem Büro aufstieg, war nach der dritten Stufe Ende. Ich ahnte, dass hier mehr war als allergisches Asthma. So nahm ich meinen Notkoffer, den ich stets für plötzliche Klinikaufenthalte verfügbar halte (darin sind Wäsche, Ladekabel, Rasierer usw.), und machte mich auf zur gegenüberliegenden

Klinik. In der Notaufnahme ging alles schnell: Blutentnahme, Röntgen, Atemtest, das ganze Programm.

„Herr Kollege“, sagte der Notarzt mit ernster Miene, „dass Sie noch leben, ist ein Wunder. Sie haben einen Pneumothorax, d.h. Luft zwischen beiden Lungenflügeln, die behindert die Ausdehnung Ihrer Lunge. Ihr linker Lungenflügel ist kollabiert. Es ist akut, wir müssen operieren.“

Ich war gefasst, da ich es ahnte.

Immerhin hatte ich schon eine Lungenembolie hinter mir.

Es lief optimal. Ich fühlte mich gut aufgehoben, das Personal war entgegenkommend. Der Pfleger war ein ehemaliger Schüler von mir. Ich überlegte kurz, ob ich ihn damals gut behandelt hatte ... Nach einer Woche folgte die Reha in Bad Reichenhall; ich musste das Atmen und Gehen wieder lernen.

Es war nicht das erste Mal, dem Tod so nahe gewesen zu sein. Und sollte er eintreten, würden meine Mitbrüder das Testament auf meinem Schreibtisch finden.

Dass ich 4 Wochen später wieder tief Luft holen und die 80 Stufen des Treppenhauses leichten Fußes erklimmen konnte, war ein kleines Wunder. Schon kam die nächste Ahnung: Ich werde an einer Lungenentzündung oder Embolie sterben. Oder mein Aneurysma platzt. Meine Angst hält sich in Grenzen.

SPUK IM ALLGÄU

Der Bischof von Augsburg hatte mich gebeten, einen Bauernhof aufzusuchen, wo es nicht mit rechten Dingen zuging.

Angeblich klopfte es im 3. Stock gegen das Fenster; eine Blase unter dem Teppich wanderte über den Boden, als wäre ein Tier darunter; der Kühlschrank schepperte, obwohl er nicht angeschlossen war; und der gesamte Fuhrpark streikte.

Was war da los? Ich bat meinen Freund Florian, der Polizist ist, mich zu begleiten, weil es gut ist, einen Zeugen zu haben.

Die Vorgänge zogen sich schon seit Jahren hin, ohne dass man Abhilfe schaffen konnte. All meine Recherchen, auch das Aussegnen der Räume, blieben ohne Erfolg. Der Verdacht, jenseitige Wesen könnten am Werk sein, schien mir nicht überzeugend. Wir mussten unverrichteter Dinge zurück fahren.

Nach einem Jahr starb der Bauer, ein in der Gemeinde geachteter, frommer Mann. Und der Spuk hatte ein Ende.

Ich nahm noch einmal Kontakt mit der Witwe auf und erfuhr, dass ihr Mann darunter gelitten hatte, vom eigenen Vater oft geschlagen worden zu sein. Er habe sich nie gegen Unrecht wehren können, sei stets angepasst gewesen, habe seine Wut auf den Vater verdrängt. Da wurde mir klar, dass der Spuk möglicherweise von diesem Mann ausging, der unbewusst die jahrelang angestaute aggressive Energie nach außen abgespaltet hatte, die sich in kinetische Energie verwandelte. Seine Wut brachte buchstäblich die Möbel zum Wackeln.

Dass es so etwas gibt, ist unbestritten und eine echte Herausforderung für den „aufgeklärten" Verstand.

BEGEGNUNGEN MIT DER POLIZEI

Die Benediktusstiftung hatte eingeladen zu einem Diskussionsabend im Herzoglichen Gregorianum in München. Es war der 9. Dezember 2008. Der Chefredakteur von PSYCHOLOGIE HEUTE, Heiko Ernst, und ich sollten über die Thematik „Heil und Heilung" sprechen; Dr. Alexander Kissler moderierte.

Der Saal war brechend voll. Das Thema schien zu interessieren. Viele Theologen waren anwesend, auch Studenten und Ärzte. Entsprechend fächerübergreifend waren die Fragen sowie die unterschiedlichen Denkansätze.

Ich brachte den Begriff Versöhnung ein, mahnte, dass Mediziner und Therapeuten viel zu wenig die Notwendigkeit der Versöhnung als Voraussetzung für Heilung beachten.

Allgemeine Zustimmung, neue Fragen, neue Probleme.

Heiko Ernst tat sich etwas schwer mit freier Rede; unerwartete Fragen aus dem Grenzbereich zwischen Psychologie und Theologie sind nicht sein Ding. Er ist ein brillant analytisch denkender Mann, während unsereiner manchmal zu verkürzt auf den Punkt kommt. Und wie es bei solchen Veranstaltungen ist:

Die wirklich konkreten und existenziellen Fragen wurden hinterher zwischen Buffet und Garderobe erörtert.

Ich entschloss mich zur Heimfahrt; ein Bekannter begleitete mich. An der roten Ampel vor dem Münchener Siegestor nutzte ich die Rotphase, um ein Gespräch am Handy zu tätigen. Bei Umschalten auf Grün hätte ich meinem Beifahrer das Handy gegeben. Doch so weit kam es nicht. Plötzlich fuhr ein Streifenwagen vor mich. Zwei junge Polizisten stiegen aus, verlangten die Papiere. Ich sagte: „Sorry, ich hatte nicht die Absicht, während des Fahrens zu telefonieren; mein Beifahrer hätte das Gespräch entgegengenommen."

„Sie wissen, dass Sie auch im ruhenden Verkehr kein Handy bedienen dürfen, wenn der Motor läuft?"

„Ja, ich weiß. Tut mir leid ..."

„Sind Sie der Pater mit der Gitarre?", fragte der andere Polizist.

„Ja, der bin ich." Ich erwartete nun eine moralische Belehrung.

Doch stattdessen gab mir der erste Beamte die Papiere zurück und meinte: „Herr Pater, ich hoffe, ich komme in den Himmel."

Ich war baff. „Dafür sorge ich", antwortete ich erleichtert.

„Gute Fahrt!" Sie machten den Weg frei.

Eine andere Begegnung fand in Trier statt:

Nach einem Vortrag in der Akademie fuhr ich etwas rasant ins Hotel und wurde von einem Polizisten angehalten. Noch bevor ich ihm die Papiere aushändigen konnte, sagte er: „Sie sind doch Dr. Müller?! Wir kennen uns. Sie haben vor vielen Jahren einen Kurs in Autogenem Training für die Polizei geleitet."

„Aha, und hat es Ihnen geholfen?", entgegnete ich ziemlich beeindruckt von seinem Gedächtnis.

„Das frage ich *Sie*, Herr Doktor! *Sie* sollten Autogenes Training machen, damit *Sie* etwas angepasster fahren."

„Sie haben völlig recht. Ich war in Gedanken versunken. Können Sie noch einmal ein Auge zudrücken?" Er tat es.

Eine dritte Konfrontation offenbarte mir die Großzügigkeit der bayerischen Polizei. Ich musste in München einen Gottesdienst feiern und fuhr infolge enger Zeittaktung zügig durch eine

Baustelle mit 100 statt mit Tempolimit 60 km. Außerdem war ich nicht angeschnallt und hatte das Handy am Ohr trotz Freisprechanlage. Das waren Kapitalfehler, die 200 Euro, 2 Punkte und einen Monat Führerscheinentzug zur Folge haben würden.

Prompt erwischte mich ein Zivilbeamter und lotste mich auf einen Parkplatz. „Herr Kommissar", sagte ich reumütig, „ich bekenne mich in allen Punkten schuldig. Ich bin auf dem Weg nach München, muss dort einen Gottesdienst feiern und habe meine mögliche Verspätung telefonisch angekündigt. In der Eile habe ich das Anschnallen vergessen."

„So, Priester sind Sie. Da müssen Sie besonders Vorbild sein."

„Sie haben recht, Herr Kommissar. Aber wenn man 40.000 Kilometer im Jahr fährt, passiert so was schon mal."

„So viel fahren Sie? Dann sollten Sie erst recht aufpassen."

„Schon, aber wer lange lebt, sündigt ja auch mehr. Oder?"

Der Polizist zückte sein Schreibzeug und meinte: „Das Telefonieren kann ich nicht durchgehen lassen. Das kostet Sie 30 Euro. Den Rest habe ich vergessen. Und in München zünden Sie eine Kerze an für die Polizei. War ich deutlich genug?"

„Jawohl, das mache ich gern. Ich danke Ihnen!"

Da kommt mir eine zauberhafte Begebenheit in Erinnerung, die ich in Salzburg zu meiner Studentenzeit hatte. Es war gegen Mitternacht und „schnürlte" mal wieder, wie die Salzburger zum feinen Fadenregen sagen. Ich kam von einer Zauberveranstaltung, hatte zwei Gläser Bier getrunken und fuhr nach Hause in die Villa Trapp. Da sehe ich, wie ein Polizeibeamter die Kelle schwingt und mich in die Parkbucht einweist.

„Guten Abend. Fahrzeugkontrolle. Ihre Papiere bitte."

Ich vermied jeden nahen Gesichtskontakt, griff ins Handschuhfach und nahm die Papiere heraus.

Tief Luft holend überreichte ich sie dem Beamten.

Dann nach kurzer Zeit: „Darf ich Ihre Autoapotheke sehen?"

Nanu, dachte ich, das wurde noch nie gefragt. Ich verließ den Wagen ohne verräterische Atemzüge und öffnete die Hecktür. Als ich die Apotheke herauskramte, sah der Beamte neben dem üblichen Krimskrams die verschiedenen Zauberutensilien, die ich in der Eile dort abgelegt hatte; darunter ein Kaninchen, allerdings kein echtes, sondern eine fellüberzogene Attrappe, die man in der Hand unbesehen verstecken kann, um sie aus den Taschen und Jacken der Leute zappelnd hervorzuzaubern.

„Sind Sie Zauberkünstler?", fragte er neugierig.

„Ja, ich komme gerade von einem Auftritt."

„Sie, da hab ich mal ne Frage: Wie geht das eigentlich mit dem Kaninchen im Zylinder?"

Da ich den Trick nicht verraten wollte, entgegnete ich rasch: „Ich kann es Ihnen gerne zeigen, wenn Sie erlauben."

Ich drehte ihm kurz meinen Rücken zu, um die Attrappe in meiner rechten Hand zu palmieren (verstecken). Dann griff ich blitzschnell unter seine Jacke, entnahm ein zappelndes Kaninchen von 30 cm Größe und verstaute es sofort im Wagen.

„Donnerwetter", staunte der Mann. Dann wandte er sich um und rief in Richtung Streifenwagen: „Hans, komm mal her. Das musst du sehen!" Der Kollege trat hinzu.

Diesmal zog ich es vor, ein anderes Kunststück zu zeigen.

„Sehr interessant", meinte der Beamte. „Was haben Sie denn so getrunken? Ein paar Bier werden es schon sein, oder?"

Mir stockte das Blut in den Adern.

„Na ja, zwei Gläser. Ich bin auch gleich zu Hause. Nur noch 1 Kilometer. Villa Trapp, falls Ihnen das was sagt."

Er legte seine Hand grüßend an die Mütze. „Gute Fahrt!"

Erleichtert stieg ich ein. Hätte der Beamte nicht nach der Autoapotheke gefragt, wäre die Kontrolle anders verlaufen.

SCHREIE DER VERZWEIFLUNG

Immer wieder werde ich von den Medien für ein Interview angefragt zum Thema Okkultismus bzw. Exorzismus. Und trotz aller Zusagen, dies schwierige Kapitel differenziert und seriös zu vermitteln, gelingt es ihnen nicht. Das liegt auch daran, dass sie nur begrenzt Zeit zur Verfügung haben und auf das Spektakuläre fixiert sind. Wenn dann noch völlig unerfahrene und im religiösen Gebiet abstinente Interviewpartner die Fragen stellen, kann es schräg werden.

Inzwischen müsste jeder um die Gefahren wissen, die im Spiel mit esoterischen und paranormalen Heilungsversprechen verborgen sind. Dabei ist es unerheblich, ob jenseitige Mächte mitmischen; allein unsere psychischen Energien können dabei erhebliche Störungen erleiden bis hin zur Psychose.

Einerseits verteufeln fromme Leute vorschnell und in Unkenntnis der Materie alle außerchristlichen Verfahren wie Homöopathie, Akupunktur, Qi Gong usw. Andererseits fallen naive Gemüter auf falsche Heiler rein, die durch Chakrenöffnung, pseudospirituelle Rituale und Channeling Heilung versprechen.

Von den zahlreichen Fällen okkult belasteter Menschen will ich hier nur einen erwähnen, der mir Kopfzerbrechen machte. Er soll eine Warnung sein für jene, die auf der Suche nach Heilung in die Fänge fragwürdiger Therapeuten geraten. Wer Heilung verspricht, darf als unseriös betrachtet werden. Wer Patienten mittels magischer Praktiken an sich bindet, ist gefährlich, selbst wenn er Heiligenfiguren auf der Kommode hat.

Im Sommer 2019 meldete sich ein Mann aus der IT-Branche. Er klagte über Schmerzen, Panikattacken, Schlafstörungen, unkontrollierte Wutausbrüche religiösen Objekten gegenüber. Im Gebet konfrontiert, wurde er aggressiv und gab markerschütternde Schreie von sich, wobei der Ausruf „Ich bin Luzifer!“ der harmloseste war. Alle bisherigen Therapien waren erfolglos. Er wurde in die Psychiatrie eingeliefert, aber schon anderntags wieder entlassen, weil die Ärzte solchen Fall noch nie gesehen hatten und ihm nicht helfen konnten. Sie verschrieben ihm Risperdal, ein bewährtes Mittel bei Schizophrenie.

Wir – zwei Priester und eine Ordensfrau, alle Psychotherapeuten – haben uns 2 Wochen um ihn gekümmert. Jede Konfrontation mit religiösen Handlungen oder Gegenständen löste ihn ihm heftiges Schütteln und gewaltiges Schreien aus.

Was war passiert? Er geriet in die Fänge eines Arztes, der sich Psychotherapeut nannte. Unser Patient litt bis dahin „nur“

unter starker, verdrängter Wut auf den Vater, der ihn ablehnte, sowie unter somatischen Beschwerden. Der Therapeut begann mit ihm eine zweijährige „spirituelle Reise" mit Imaginationen und der Öffnung seiner energetischen Zentren, Chakren genannt. Ziel war die Auflösung seelischer Blockaden.

Was genau geschah, wusste er nicht. Jedenfalls wurden die Chakren nach seiner Aussage nicht mehr geschlossen. Irgendwann kam der Moment, wo er ein Gefühl von Identitätsverlust spürte: Er stand „neben" sich, konnte seine Wut nicht mehr herausschreien, verlor den Zugang zu seinen Gefühlen.

Ähnliche Symptome findet man bei Borderline-Patienten oder bei schwer traumatisierten Personen.

Doch hier war mehr im Spiel. Das gesamte Erscheinungsbild entsprach dem klassischen Syndrom von Besessenheit. Einmal meldete sich sein verstorbener Onkel durch ihn und sprach Spanisch, was unser Klient nie gelernt hatte. Doch blieben Zweifel an der Diagnose. Denn in weiteren Tests konnte er geweihte Gegenstände, verborgen in einer Dose, in die Hand nehmen und stille Gebete symptomfrei über sich ergehen lassen. Nur wenn er davon wusste, rastete er aus. Offenbar spielte ihm sein Unterbewusstsein einen Streich.

In der Anamnese trat noch mehr zutage: Der Mann wurde von seiner Großmutter „mit einem Fluch belegt". Sie hatte bereits ihre Tochter abgelehnt, war voller Hass und wünschte auch den Enkel zum Teufel. In der gesamten Familie prägten Hass und Missgunst die Atmosphäre. Hier gab es, systemisch betrachtet, familiäre Verstrickungen über den Tod hinaus.

Außerdem gab es in der Familie eine verquerte Religiosität, versetzt mit magischem Brimborium. Und nicht nur das: Sein Onkel, sein Cousin und weitere Verwandte waren an Schizophrenie erkrankt. Für mich war offenkundig, dass unser Klient eine sogenannte Pfropfpsychose hatte, d.h. auf eine genetisch bedingte schizo-affektive Erkrankung wurde durch Chakrenöffnung eine weitere Störung gepfropft. Ob zusätzlich geistige Wesen wirkten, war nicht beweisbar, nur vermutbar.

Ich klärte ihn über seine Erkrankung auf. Er war beruhigt, hatte ab da keine Abwehrhaltung mehr gegenüber Devotionalien (religiöse Objekte) und blieb symptomfrei. Sein vermeintlich verschlossenes Wurzelchakra, das er penetrant erwähnte, war nicht Ursache seiner physischen Schmerzen in der Lendengegend. Hier war der Leber-Gallen-Bereich betroffen; da sitzt organsprachlich die Wut. Massagen brachten leichte Besserung.

Jedoch nach kurzer Zeit schrieb uns seine Frau eine Mail, in der sie neuerlich im Hilfe bat. Denn ihr Mann wurde immer nachts zwischen 2 und 4 Uhr im Bett heftig geschüttelt; er sprach in seltsamen Sprachen. Wir haben ihn schließlich an den Bischof seines Heimatbistums verwiesen. Uns wurde klar, dass es sich hier nicht nur um eine Psychose handelte.

Alle Vermutungen – etwa eine epigenetisch bedingte schizo-affektive Psychose oder eine Dissoziation der im Trauma erlittenen Kränkungen – griffen nicht mehr.

Eine dämonische Umsessenheit war nicht auszuschließen.

DIE EWIGE RUHE SOLL WARTEN

Ordensleute arbeiten bis zum Umfallen. Deshalb leben sie auch länger. Der täglich gleiche Rhythmus, das Leben in Gemeinschaft, gesunde Ernährung (Tipp: sich nie ganz satt essen!) und eine sinnvolle Aufgabe sind erwiesenermaßen Bedingungen für ein langes Leben. Wenn die Gene keinen Streich spielen.

Weshalb also sollen alte Menschen, die noch fit sind, die Hände in den Schoß legen? Ich kenne viele Pfarrer, die mit 80 keinerlei pastorale oder liturgische Dienste tun dürfen und darunter leiden. Aufgrund meiner doppelten Tätigkeit als Priester und Psychotherapeut, auch als Publizist und ein bisschen Kabarettist, wäre der verordnete „Ruhestand“ der vorzeitige Tod.

Wir werden älter, bleiben aber oft fit. Es wird kaum genutzt. Also geht es weiter mit Vorträgen, Seminaren, Gottesdiensten, Publikationen und Begleitung in der Heilenden Gemeinschaft.

Es gibt eine Einschränkung: Therapeutische Einzelgespräche vermittle ich in der Regel an meine Kollegen und Kolleginnen.

Es fällt mir inzwischen schwer, lange zuzuhören, vor allem, wenn es langatmig wird und ich ahne, worauf es hinausläuft. Es hat wenig Zweck, Gespräche abzukürzen, da viele Klienten ihre Leidensgeschichten ausführlich von Anfang an mitteilen.

Es gibt Ausnahmen wie diese: Eine Frau rief mich an und klagte über den Rausschmiss aus einem Orden, in dem sie ein Probejahr verbracht hatte. Die Oberin nannte ihr keinen Grund für die Ablehnung, sodass sie mich um Hilfe bat. Ich ahnte bereits nach einigen Worten, was die Ursache ihres Dilemmas war. Ihre Stimme war die eines jungen Mädchens (sie war 43); ihre Ausführungen legten Naivität und Weltflucht nahe; ihre Frömmigkeit entsprach der eines Kindes. So wagte ich die Flucht nach vorn und konfrontierte sie mit meiner gefühlten Diagnose:

„Es kann sein, dass die Oberin Ihnen nicht weh tun wollte und deshalb den Grund nicht nannte. Ich erlaube mir jetzt, Ihnen den vermutlichen Grund zu nennen. Sie wirken auf mich wie eine noch nicht erwachsene Frau, die wenig Lebenserfahrung hat und dem stressigen Leben durch Flucht ins Kloster zu entgehen versucht. Sie sind eine angepasste, etwas konfliktscheue und sehr fromme Frau, die Angst vor der Sünde hat und in der Ordensgemeinschaft Stabilität sucht. Dieser Wunsch ist verständlich, aber naiv; denn wo immer Sie hingehen, nehmen Sie sich mit diesen Problemen mit. Meine Empfehlung: Leben Sie erst einmal Ihr Leben, gestalten Sie es mit Ihren Fähigkeiten, und scheuen Sie sich nicht, eine Freundschaft einzugehen. Erst dann sollten Sie neu entscheiden. Wenn Sie berufen sind für ein Leben im Orden, wird der Weg dahin führen.“

Stille am anderen Ende der Leitung. Dann die Worte:

„Das hat mir in dieser Deutlichkeit noch keiner gesagt. Aber Sie haben recht. Woher wissen Sie das alles? Haben Sie die Gabe der Herzensschau? Es stimmt: Ich bin konfliktscheu. Sie haben mir ein Stück weit die Augen geöffnet. Ich danke Ihnen.“

Ich musste tief durchatmen. Dass sie dankbar war und nicht empört reagierte, zeigte eine weitere Eigenschaft bei ihr: Demut. Das Telefonat endete mit dem erbetenen Segen.

Wir Priester sollen den Glauben an Gott fördern und die Frömmigkeit der Menschen unterstützen. Doch erlebe ich immer wieder, dass ich fromme Praktiken bremsen und das dahinter verborgene Gottesbild hinterfragen muss. In solchen Momenten kommen mir meine Erfahrungen als Psychologe zugute. Übertriebene religiöse Leistungen, Anhäufung von Gebeten, Opfern und Wallfahrten sowie das ständige Hinweisen auf Gott machen mich stutzig. Es kann auch nerven.

Schon die mittelalterliche Nonne Theresa von Avila bemerkte: „Wen der Teufel nicht verführen kann zur Sünde, den verführt er zur Übertreibung des Guten."

Ich ergänze sarkastisch: Eine Sünde, die mich weckt, ist wertvoller als eine Tugend, an der ich einschlafe.

Leider kenne ich viele Christen, die vor lauter Tugend nicht richtig leben, weil sie Angst haben vor der Sünde oder dem, was sie darunter verstehen. Sind sie dann in Schuld gefallen, beschwören sie verzweifelt Gott mit einer Flut von Gebeten und Opfern, die er nicht will. Ihm ist ein „zerknirschtes Herz" lieber als angstvolle Opfermentalität. Seltsam, wie viele religiöse Menschen unerlöste Christen sind und blutleer wirken!

Ein wohlhabendes Ehepaar nutzte in unserem Haus während ihres viertägigen Aufenthalts die Gelegenheit, Gespräche mit mir zu führen und um Rat zu bitten. In solchen Fällen berechne ich keine fixen Kosten, sondern erbitte eine Spende. Bei der Verabschiedung erinnerte ich sie an die Spende. Sie wimmelten ab mit der Bemerkung, sie hätten geglaubt, solche Gespräche im Kloster seien gratis, da Ordensleute Gehalt bekämen. Sie haben nichts bezahlt, nicht einmal die 400 Euro für Kost und Logis. Wir haben auf eine Anzeige verzichtet. Eine Spende ist auch nie eingetroffen.

Viele glauben, wir Ordensangehörige erhielten ein festes Gehalt von Kirche oder Staat. Nichts davon. Wir kriegen keinen Cent und müssen den Lebensunterhalt mit unserer Arbeit verdienen. Klöster sind auch auf Spenden angewiesen, da etliche Mitglieder keinen Beruf erlernt haben. Das ist heute anders.

Aber berechtigten Lohn vorzuenthalten ist etwas anderes. Würde ich für alle Beratungen per Telefon oder Mail den mir zustehenden Tarif berechnen, kämen einige Hundert Euro zusammen. Nur wenige fragen nach dem Honorar oder spenden etwas. Wie heißt es so schön? „Vergelt's Gott!" Das hoffe ich.

DIE KIRCHE HAT PROBLEME

Gemeinden und Klöster suchen händeringend Priester. Die Zusammenlegung der Pfarreien vernichtet die Identität kleiner Gemeinden, die nun vakant sind. Mancher entfernt sich von der Institution Kirche, weil die seine Ortskirche geleert hat.

Auch belastet die Bürokratie, die sich im Bischöflichen Ordinariat wie ein Virus ausgebreitet hat. Und die Wertschätzung kommt zu kurz; infolge zunehmender Aufgaben und hausgemachtem Zeitdruck steigt die Unzufriedenheit. Das macht viele krank, die dann eine Therapie nicht brauchen.

Da fällt mir Jesu Appell ein: „Bei euch soll es anders sein!"

Ein weiteres Problem ist die Glaubwürdigkeit der Kirche.

Die Missbrauchsfälle sind eine Katastrophe! Obwohl sie nur 5% aller Fälle ausmachen (95% finden in Familien und Jugendvereinen statt), sind sie gravierend, weil die Kirche stets einen hohen moralischen Anspruch erhob.

Neben dem Verlust der „Kundenbindung" durch fehlende Kontakte zu den Menschen vor Ort monieren viele Kirchgänger die liturgische Sprache. Sie ist oft abgehoben, nicht mehr verstehbar. Auch sind viele Predigten öde. Die Menschen fühlen sich nicht abgeholt mit ihren Sorgen und Fragen.

Ich ändere zuweilen die vorgegebenen Gebete im Gottesdienst, mache sie konkreter und lebensnäher. Eigentlich ist das nicht gestattet, damit sie sich nicht im Trivialen verlieren.

Und nun der „synodale Weg". Ich bin skeptisch, was die Früchte betrifft. Formen können geändert, Lehren behalten werden.

Da ich kein ängstlicher Mensch bin, eher forsch, auch wagemutig, sehe ich das gebremste Verhalten der Kirchenfunktionäre, besonders im Vatikan, nur als Symptom tiefer Angst.

Es fehlt an Gottvertrauen. Wenn dann Christen rebellieren, muss das nicht heißen, sie sind aufsässig. Denn das größte Unheil geschieht meist im Gehorsam, nicht in der Rebellion.

Die Presse nannte mich einmal „Rebell Gottes", weil ich den Finger auf die Wunden des christlichen Alltags lege. Es ist vor allem die Bürokratie, die nützliche Zeit raubt. Und wird nicht die Eitelkeit gefördert durch Titel wie Monsignore, Domprälat, geistlicher Rat und Ehrendomherr, erkennbar an ihren Gewändern in Rot oder Violett? Wie würde Jesus inmitten seiner „Diener" aussehen beim Einzug in den Dom? Ich glaube, er würde nicht erkannt. Wir müssen wieder bescheiden und demütig werden. Der Schaden, der in Limburg mit dem protzigen Bau des Bischofssitzes angerichtet wurde, ist immens.

Schlimm finde ich auch, dass man alten, rüstigen Priestern verwehrt, Gottesdienste zu halten, unter dem Vorwand, die Leute sollten sich daran gewöhnen, dass es bald nur noch wenige Priester gibt. Das ist, als ob einer in der Apotheke ein Medikament verlangt, das ihm nicht gegeben wird, obwohl es noch in kleiner Menge vorhanden ist. Die Begründung des Apothekers: „Übermorgen gibt es keine mehr, die Leute sollen sich daran gewöhnen; also rücke ich das Medikament nicht raus."

In manch kirchlicher Amtsstube scheint Gott arbeitslos geworden und der Heilige Geist ausgeflogen zu sein.

Die aktiven, überzeugenden Christen werden eine kleine Herde sein; sie sind das berühmte Salz, von dem Jesus gesprochen hat. Salz ist eine Zutat, die sowohl würzt als auch konserviert.

Wenn das gelebte Christsein die Menschen ansteckt, begeistert, wenn es schmeckt, frei ist von Engstirnigkeit und Paragrafendenken, dann kommt die Erneuerung der Kirche.

Und sie wird kommen. Da bin ich mir sicher.

BILANZ

Wir neigen dazu, auf alles eine Antwort zu finden. Besonders die Frage nach dem Sinn unserer Misserfolge und leidvollen Erfahrungen treibt uns um.

Was sich bisweilen als sinnlos darstellt, offenbart erst viel später seine Bedeutung. Zu vorschnell wittern die einen eine Strafe Gottes, die anderen eine Herausforderung und wieder andere nur blindes Schicksal. Warum musste ich dreimal sitzenbleiben, drei Studien durchschwitzen, drei Berufe erlernen, einen Reinfall in Tunesien erleiden und erst mit 51 Jahren mein eigentliches Ziel erreichen? Andere gingen geradewegs und ohne bedeutsame Krisen in die Zielgerade.

Ich habe diese Frage Gott oft gestellt; doch er schwieg.

Irgendwann hat sich dann der Himmel erbarmt und mir die tiefe Sinnhaftigkeit meiner Umwege erschlossen.

Schon in der Schulzeit habe ich erkannt, wie wichtig Misserfolge sind. Dass einige darunter ihren Lebenswillen verloren haben, ist schlimm. Andere sind an ihnen gereift und stärkten ihre Resilienz, die seelische Widerstandskraft.

Wer nie kämpfen und verzichten musste, ist gefährdet. Denn Glück besteht nicht darin, zu bekommen, was ich will, sondern zu wollen, was ich bekomme.

Der miserablen Schulzeit verdankte ich ein besseres Verstehen meiner späteren Schüler; die seelischen Krisen vermittelten mir eine tiefere Sichtweise bei meinen späteren Klienten; zwölf Umzüge und acht Ortswechsel lehrten mich rasches Loslassen sowie flexible Anpassung an neue Umgebungen; die verschiedenen Studien und Berufe sind mir dienlich in meiner Doppeltätigkeit als Priester und Therapeut. Ich war gezwungen, mich durchzusetzen und nicht aufzugeben. Natürlich hat mein Elternhaus den Boden dafür bereitet. Da gab es kein Gezeter, wenn die Dinge schief liefen. Es gab Ermutigung, Trost und Unterstützung. Kränkungen wurden rasch verziehen.

Auch der Großvater trug seinen Teil bei. Er zeichnete sich durch großen Humor aus. Als die Oma einmal sauer auf ihn war, wollte sie ihn durch Schweigen bestrafen. Was machte Großvater? Er suchte in den Schubladen und Schränken, suchte und suchte, bis Oma rief: „Was suchst du denn da?“ – „Ich hab sie gefunden.“ – „Was?“ – „Deine Stimme.“

Viele unserer wertvollsten Erfahrungen liegen in den mühevollen Lebensabschnitten. Daher müssen wir auch für sie dankbar sein; denn im Erfolg findet wenig Wachstum statt.

Seit über 40 Jahren kommen Menschen zu mir, weil sie von den herkömmlichen Therapien enttäuscht sind. Es kommt sogar vor, dass Kollegen den Glauben ihrer Klienten abwerten und sie kränken. Die gesetzlichen Krankenkassen zahlen teilweise auch völlig erfolglose Therapieverfahren, während sie die wesentlich günstigeren Methoden links liegen lassen.

Mir fällt auf, dass die Religion im Leben der Menschen durchaus eine Rolle spielt, jedoch nicht im Sinn der Kirchen. Und da eine kompetente Führung fehlt, verirren sich viele auf dem Markt fragwürdiger Angebote.

Mein Anliegen war es von jeher, suchenden Menschen ein barmherziges Gottesbild, faire Streitkultur und versöhnliche Konfliktbewältigung zu vermitteln. Da hapert es gewaltig. Und es steht in keinem Lehrplan der Schulen. Dabei würden diese drei Faktoren uns glücklicher machen. Wer in der Gegenwart zufrieden lebt, hat in der Zukunft eine schöne Vergangenheit.

An dieser Stelle möchte ich mich bedanken bei meinen pallottinischen Mitbrüdern und Vorgesetzten, ohne deren Großzügigkeit vieles anders verlaufen wäre. Sie haben mein Tempo, meine Ungeschminktheit und meine Marotten ausgehalten.

Abschließend sei angemerkt: Leute, kommt in unsere Gemeinschaft, dort seid ihr gut aufgestellt!

Rückblickend stelle ich fest, dass die befürchteten Ereignisse in der Regel nicht eintraten. Meist lügen unsere Ängste.

Es ist also gerade noch mal gut gegangen.

Mein Elternhaus

MG-TD mit meiner Mutter

Meine Schwester und ich: 1946 ...

... sowie 2019

Mein Vater mit 70

Meine Mutter mit 94

Heilende Gemeinschaft

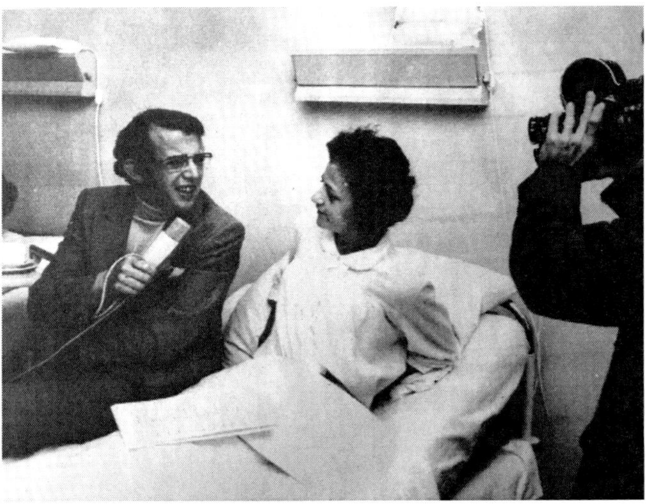

Dieter Thomas Heck interviewt eine Hörerin von RADIO PICCOLO